AF283855

Resolución de problemas en el entorno digital. Nivel avanzado. FCOI23

Ester Chicano Tejada

ic editorial

Resolución de problemas en el entorno digital. Nivel avanzado. FCOI23
© Ester Chicano Tejada

1ª Edición

© IC Editorial, 2025

Editado por: IC Editorial
c/ Cueva de Viera, 2, Local 3
Centro Negocios CADI
29200 Antequera (Málaga)
Teléfono: 952 70 60 04
Fax: 952 84 55 03
Correo electrónico: iceditorial@iceditorial.com
Internet: www.iceditorial.com

ISBN: 978-84-1184-660-8
Depósito Legal: MA 391-2025

Impresión: PODiPrint
Impreso en Andalucía – España

Nota de la editorial: IC Editorial pertenece a Innovación y Cualificación S. L.

Especialidad formativa

Se entiende por especialidad formativa la agrupación de contenidos, competencias profesionales y especificaciones técnicas que responde a un conjunto de actividades de trabajo enmarcadas en una fase del proceso de producción y con funciones afines.

Las especialidades formativas de Uso General, Formación Complementaria, Formación Modular y las especialidades formativas dirigidas a la obtención de certificados de profesionalidad se incluyen en el Fichero de Especialidades del Servicio Público de Empleo Estatal para su gestión en todo el territorio nacional por cualquier Administración competente.

Las especialidades complementarias, pertenecen todas a la Familia profesional de Formación Complementaria (FCO) y tienen la consideración de formación transversal en áreas que se consideran prioritarias tanto en el marco de la Estrategia Europea para el Empleo y del Sistema Nacional de Empleo como en las directrices establecidas por la Unión Europea. Se consideran áreas prioritarias las relativas a tecnologías de la información y la comunicación, la prevención de riesgos laborales, la sensibilización en medio ambiente, la promoción de la igualdad, la orientación profesional y aquellas otras que se establezcan por la Administración competente.

Las especialidades de Certificado de profesionalidad tienen una duración especificada en su normativa reguladora.

En el resultado de la búsqueda, se muestran las unidades de competencia, todos los módulos formativos con su duración y las unidades formativas del certificado correspondiente, con su duración. Las horas del certificado, exclusivo de las especialidades de certificado de profesionalidad, con alta igual o superior a 2008, son las horas totales más las horas del módulo de Prácticas Profesionales no Laborales.

- **Si la especialidad tiene unidades formativas,** las horas totales, presencial, distancia, teleformación serán igual a la suma de esas horas de las unidades formativas de los distintos módulos, sin que se repita ninguna Unidad formativa.

- **Si la especialidad no tiene unidades formativas,** las horas totales, presencial, distancia, teleformación serán igual a las sumas de esas horas de los módulos formativos, eliminando las horas de los módulos repetidos.

https://sede.sepe.gob.es/especialidadesformativas/RXBuscadorEFRED/BusquedaEspecialidades.do

(Fuente: Servicio Público de Empleo Estatal)

Índice

OBJETIVOS GENERALES

Los objetivos generales del **FCOI23. Resolución de problemas en el entorno digital** son los siguientes:

- Identificar y mantenerse actualizado en estrategias, fundamentos y funcionalidades avanzadas de la tecnología digital y aplicar soluciones digitales de forma autónoma a problemas técnicos complejos, ofreciendo colaboración y apoyo a otros en la aplicación de soluciones digitales.
- Identificar y aplicar de forma crítica las posibilidades de la tecnología digital para apoyar y asesorar a otros en el uso y la configuración de las funciones avanzadas de las aplicaciones y sistemas.
- Aplicar soluciones y aplicaciones digitales de forma creativa e innovadora para promover el uso de las tecnologías avanzadas en la resolución de las necesidades personales y profesionales, explorando nuevas funcionalidades y aplicación de estas.
- Resolver problemas técnicos complejos, optimizar el rendimiento y la funcionalidad de *hardware, software,* aplicaciones, páginas webs y redes de manera autónoma, aplicando soluciones actualizadas en competencias digitales.

Unidad de aprendizaje 1

Fundamentos avanzados de la tecnología digital

Contenido

Objetivos

El objetivo general de esta Unidad de Aprendizaje es:

→ Identificar y aplicar de forma crítica las posibilidades de la tecnología digital para apoyar y asesorar a otros en el uso la configuración de las funciones avanzadas de las aplicaciones y sistemas.

Los objetivos específicos de esta Unidad de Aprendizaje son:

→ Configurar un teléfono inteligente.

→ Instalar un sistema operativo.

→ Distinguir los distintos tipos de conectividad y aprender a identificar el tipo más adecuado según las necesidades del usuario.

→ Identificar las tecnologías más avanzadas y sus características fundamentales.

→ Seleccionar un sistema operativo adecuado a las preferencias y necesidades del usuario.

1. Introducción

La globalización ha conectado los países y mercados de todo el mundo, lo que ha supuesto un avance exponencial gracias al intercambio multidireccional de bienes, servicios e información entre empresas y personas.

Por ello, es más que evidente que las nuevas tecnologías digitales han causado una gran revolución en la industria de los equipos de oficina, cambiando completamente el modo en el que tanto los clientes como las empresas los ven y los utilizan.

Este hecho hace fundamental que entendamos perfectamente el concepto de tecnología digital y el abanico de posibilidades que esta ofrece, para poder sacar provecho de todas ellas y así, aprender a integrarla en nuestra vida diaria, tanto personal como profesional.

Para ello, nos centraremos en el caso de Digital Network, S. L., una pequeña empresa que ha adquirido varios equipos de oficina para digitalizar sus procesos administrativos, contables, comerciales y ser más productiva, eficiente y avanzada y, además, tener la posibilidad de acceder a nuevos mercados.

2. Gestión de la configuración avanzada de los dispositivos digitales y tecnológicos más comunes

 HILO CONDUCTOR

En Digital Network, S. L., ya han adquirido todos los equipos informáticos necesarios para digitalizar la empresa. Ahora llega el momento de configurar los dispositivos y adaptarlos a sus necesidades.

Una correcta configuración de los dispositivos digitales y tecnológicos es esencial en el entorno digital actual, ya que permite aprovechar al máximo el potencial de estos dispositivos y garantizar un rendimiento óptimo.

En este contexto, exploraremos la configuración avanzada de varios tipos de dispositivos comunes, como los siguientes:

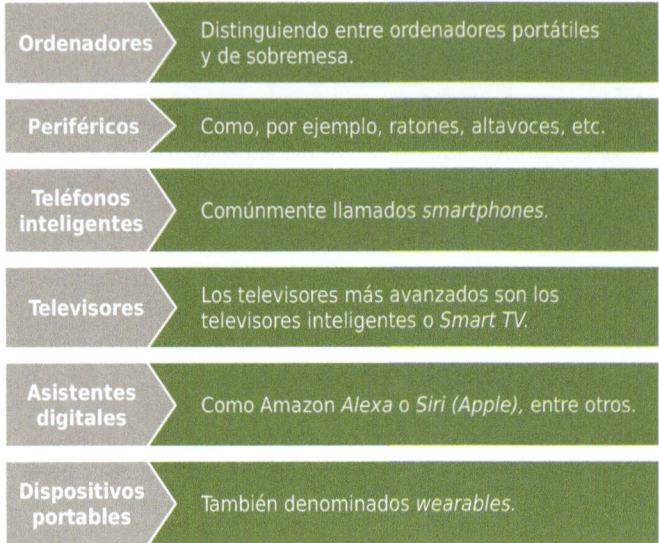

Ordenadores	Distinguiendo entre ordenadores portátiles y de sobremesa.
Periféricos	Como, por ejemplo, ratones, altavoces, etc.
Teléfonos inteligentes	Comúnmente llamados *smartphones*.
Televisores	Los televisores más avanzados son los televisores inteligentes o *Smart TV*.
Asistentes digitales	Como Amazon *Alexa* o *Siri (Apple)*, entre otros.
Dispositivos portables	También denominados *wearables*.

2.1. Ordenadores

Un ordenador es un dispositivo electrónico programable cuyas funciones principales son procesar información, realizar cálculos y ejecutar tareas conformes a una serie de instrucciones establecidas mediante programas informáticos *(software)*.

Los ordenadores han sido diseñados para que el procesamiento de la información se realice de forma rápida y precisa. Se utilizan en una gran variedad de tareas cotidianas que pueden ir desde la navegación web, hasta el procesamiento de textos o la realización de cálculos complejos, entre muchas otras.

Los ordenadores han ido reduciendo su tamaño a gran velocidad. En la actualidad, en un ordenador portátil tiene prácticamente la misma utilidad que un ordenador de sobremesa.

Los **componentes** de los ordenadores se distinguen en dos tipologías:

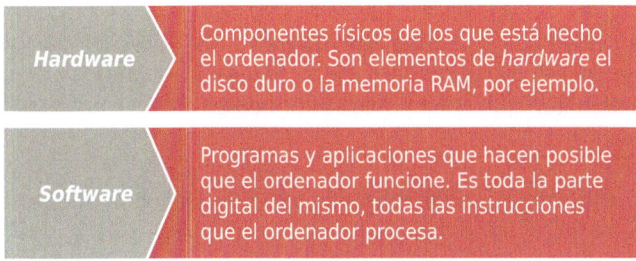

| **Hardware** | Componentes físicos de los que está hecho el ordenador. Son elementos de *hardware* el disco duro o la memoria RAM, por ejemplo. |
| **Software** | Programas y aplicaciones que hacen posible que el ordenador funcione. Es toda la parte digital del mismo, todas las instrucciones que el ordenador procesa. |

La configuración avanzada de los ordenadores hace referencia a la personalización y optimización del sistema operativo, del *hardware* y del *software*. Se trata de un proceso crítico que permite optimizar el rendimiento y la funcionalidad del dispositivo, tanto para usuarios avanzados, como en entornos de negocios y en usuarios más básicos.

Por eso, configurar de forma avanzada un ordenador conlleva **tareas** de especial relevancia como los siguientes:

- **Configuración del *hardware*.** Selección cuidadosa de componentes (como la CPU, las unidades de almacenamientos, el RAM y otros componentes internos), ensamblar el *hardware* elegido adecuadamente, configurar la BIOS, instalar los controladores de los dispositivos y administrarlos.
- **Personalización del sistema operativo.** Modificar la interfaz de usuario como la disposición del escritorio, el tema y los iconos, configurar las

cuentas del usuario y personalizar las configuraciones específicas del sistema.

⮞ **Ajustes de rendimiento.** Configurar los ajustes de control de consumo de energía, introducir soluciones avanzadas de refrigeración para evitar el sobrecalentamiento del ordenador, controlar el uso de recursos y administrar los procesos en segundo plano y controlar las herramientas de diagnóstico.

⮞ **Configuración de redes.** Configurar una red local para compartir recursos y archivos, configurar conexiones a internet, configurar una VPN y administrar los puertos y configurar un cortafuegos *(firewall)* para proteger el ordenador y la red contra amenazas de seguridad.

⮞ **Seguridad avanzada.** Instalar y configurar antivirus y *antimalware,* configurar el *firewall* para bloquear tráfico no deseado e implementar medidas de seguridad avanzada (como, por ejemplo, la autenticación de dos factores).

2.2. Periféricos

Los periféricos son **dispositivos externos** al ordenador que no forman parte del equipo principal a pesar de estar conectados a él. Estos dispositivos permiten que entre y salga información del ordenador a través de dicha conexión.

De hecho, siguiendo este criterio, los dispositivos se pueden clasificar en:

1. **Periféricos de entrada.** Son elementos de *hardware* que envían información al ordenador. Son esenciales para interactuar con este. Los más conocidos son el ratón y el teclado.
2. **Periféricos de salida.** Son elementos de *hardware* que reciben datos desde un ordenador para facilitar al usuario la visualización de las operaciones que realiza. El ejemplo más habitual es el monitor.
3. **Periféricos de entrada/salida.** Se trata de elementos de *hardware* que tanto envían como reciben datos al/desde el ordenador. El mejor ejemplo es un *router,* ya que recibe de la red y la transmite al ordenador. A su vez, el ordenador envía información al *router* para transmitirla a otro ordenador o la red.
4. **Periféricos de almacenamiento.** Son dispositivos periféricos cuya función es almacenar información. Suelen ser de entrada y salida, ya que se puede extraer información para mandarla al dispositivo y, a sus vez, obtener información del dispositivo para verla en el ordenador. El ejemplo básico son las memorias USB.

✎ ACTIVIDAD COMPLEMENTARIA

1. Realiza una lista de todos los periféricos que tiene tu ordenador, clasifícalos en las tipologías explicadas en el apartado.

La configuración avanzada de los periféricos de un PC implica ajustes específicos para personalizar su funcionamiento y optimizar la experiencia del usuario.

Otro de los periféricos de salida más utilizados es la impresora (tanto láser como de tinta).

La configuración de los periféricos más habituales conllevaría las siguientes tareas:

➲ **Ratón y teclado**

◗ Configurar el ratón y el teclado a través del panel de control.
◗ Personalizar la sensibilidad del ratón.
◗ Asignar funciones adicionales a los botones.
◗ Ajustar la velocidad del puntero del ratón y la velocidad de repetición del teclado.

➲ **Monitor**

◗ Configurar la resolución y el brillo del monitor a través del panel de control (apartado Configuración de pantalla).

◑ Ajustar la temperatura del color para poder trabajar de forma más cómoda y precisa.
◑ Configurar la orientación y disposición de los distintos monitores, en caso de utilizar más de uno.

➲ **Impresora**

◑ Ajustar la calidad de impresión, la gestión del papel y las opciones de color/escala de grises/blanco y negro.
◑ Instalar el controlador más actualizado de la impresora para poder acceder a las funciones más avanzadas y obtener mejoras en el rendimiento.

➲ **Altavoces y micrófono**

◑ Configurar la ecualización y ajustar la dirección del sonido, en caso de altavoces *surround*.
◑ Personalizar perfiles de sonido y activar funciones de cancelación de ruido a través de *software* específico.

➲ **Adaptadores y dispositivos de almacenamiento USB**

◑ Gestionar la energía y la velocidad de transferencia de datos a través de la configuración del administrador de dispositivos.
◑ Configurar opciones específicas de adaptadores, como la velocidad de conexión o la priorización de dispositivos.

2.3. Teléfonos inteligentes

Los teléfonos inteligentes (en inglés, *smartphones*) son teléfonos móviles que ofrecen más funcionalidades que un teléfono común. La característica que más los diferencia de un teléfono móvil convencional es que permiten la instalación de aplicaciones y programas con la finalidad de añadir utilidades y funcionalidades que faciliten su utilización por parte del usuario que lo configura.

De hecho, se comenta comúnmente que los nuevos teléfonos inteligentes son miniordenadores de bolsillo.

Sus características básicas son las siguientes:

➲ Al tratarse de un teléfono, permite realizar y recibir llamadas telefónicas y videollamadas.

- Permite tener conexión a internet, incluso con tecnología 5G.
- Tiene agenda digital y ofrece la posibilidad de gestionar los contactos.
- Ofrece conectividad inalámbrica, tanto por wifi como por *bluetooth*.
- El teclado suele estar en la pantalla y ser táctil.
- Permite leer documentos en una gran diversidad de formatos.
- Permite la instalación de gran variedad de aplicaciones.

Otra de las características de los teléfonos inteligentes es la posibilidad de personalización del dispositivo, permitiendo su adaptación a los gustos y requisitos del usuario. Jess Rodriguez / Shutterstock.com

Para realizar la configuración avanzada de un teléfono inteligente, hay que llevar a cabo, como mínimo, las siguientes tareas:

- **Personalización de la apariencia visual**

  - Ajustar la pantalla de inicio.
  - Configurar los fondos y los temas de la pantalla.
  - Ubica y agrupa los iconos de las aplicaciones para mejorar la usabilidad del dispositivo.

- **Gestión de aplicaciones**

  - Revisar y ajustar las configuraciones de aplicaciones individuales para personalizar su comportamiento y notificaciones.
  - Controlar los permisos de las aplicaciones para garantizar la privacidad y la seguridad de las mismas.

- **Configuración de redes**

  - Personalizar la configuración de red, como wifi y *bluetooth,* para tener unas conexiones eficientes.

◑ Configurar la utilización de datos móviles, establecer límites de uso y gestionar el uso de aplicaciones en segundo plano.

⊃ **Ajustes de sonido y vibración**

◑ Configurar perfiles de sonido atendiendo al entorno, ajustando el modo silencioso, la vibración, el tono y el volumen.
◑ Ajustar la vibración y la intensidad de las aplicaciones.

⊃ **Seguridad y privacidad**

◑ Configurar opciones de seguridad como el bloqueo de pantalla, el reconocimiento facial, la huella dactilar o los patrones de desbloqueo.
◑ Ajustar la configuración de privacidad para controlar el acceso a los datos y a la ubicación por parte de aplicaciones.

⊃ **Optimización de la batería**

◑ Ajustar la configuración del ahorro de energía y configurar las aplicaciones que se pueden o no ejecutar en segundo plano.
◑ Monitorizar el consumo de batería y establecer el modo ahorro de batería a partir de un porcentaje de batería determinado.

 TAREA 1

Javier ha tenido un percance y se le ha roto el teléfono móvil con el que ha estado trabajando durante varios años. Después de valorar las distintas alternativas disponibles, ha decidido comprar un teléfono inteligente de última generación, pero no sabe bien cómo configurarlo porque no está habituado a utilizarlo.

Ayuda a Javier a configurar su teléfono inteligente e indícale cuáles son las tareas mínimas que debe realizar para poder utilizarlo debidamente.

2.4. Televisores

Los televisores son aparatos eléctricos cuya finalidad principal es recibir y reproducir imágenes y sonidos.

Con la expansión de las nuevas tecnologías, los televisores han evolucionado incorporando estas tecnologías, añadiendo innumerables nuevas funcionalidades con la finalidad de facilitar las tareas diarias a sus usuarios.

De ahí surgieron los televisores inteligentes (en inglés, *Smart TV),* que no son más que televisores con conexión a internet que ofrecen la posibilidad de instalar y ejecutar aplicaciones, navegar por la red o acceder a distintas plataformas para disfrutar de una gran oferta audiovisual a demanda.

Las televisiones inteligentes han evolucionado paralelamente a los teléfonos inteligentes. De hecho, permiten la conexión del teléfono inteligente a la televisión para controlar su funcionamiento desde este dispositivo externo.

Para realizar la configuración avanzada de un asistente inteligente, hay que llevar a cabo, como mínimo las siguientes tareas:

➲ **Configuración inicial**

    ◔ Seleccionar el idioma, el país y la región en la que se ubica la televisión inteligente.

    ◔ Ajustar la disposición de los canales de televisión.

➲ **Actualización de *firmware***

    ◔ Verificar si hay actualizaciones de *firmware* disponibles para la televisión.

    ◔ En caso de haber actualizaciones disponibles, hay que instalarlas para asegurarse de disponer de las últimas funciones y correcciones.

➲ **Configuración de imagen y sonido**

    ◔ A través del menú de configuración, ajustar las opciones de imagen, como, por ejemplo, el brillo, la nitidez, el contraste y el color.

◔ Configurar las opciones de sonido, ajustando el volumen, la ecualización y seleccionando el modo de audio deseado.

⟳ **Conexión a redes**

◔ Conectar la televisión a la red wifi o a la red local con un cable Ethernet.
◔ Configurar la conexión a internet para acceder a los distintos servicios del dispositivo y a sus actualizaciones.

⟳ **Configuración de seguridad**

◔ Configurar contraseñas para controlar los accesos.
◔ Establecer un control parental, si procede.

⟳ **Cuentas y servicios de *streaming***

◔ Descargar las aplicaciones de los servicios de *streaming*, según necesidades (Spotify, Netflix, Amazon, etc.).
◔ Iniciar sesión en las aplicaciones descargadas y configurar los distintos perfiles.

2.5. Asistentes

En los últimos años, ha habido un gran incremento de la popularidad de los asistentes virtuales, principalmente debido a su capacidad para simplificar tareas básicas y cotidianas que se llevan a cabo con los teléfonos móviles.

Estos asistentes están equipados con **inteligencia artificial** y permiten realizar búsquedas en internet sobre temas actuales o, incluso, sobre condiciones meteorológicas con, simplemente, indicar una orden a viva voz.

Su característica más diferenciadora radica en la capacidad de interactuar que tenemos con ellos mediante la utilización de un lenguaje natural, a la vez que continúan aprendiendo gracias a esta interacción.

Los asistentes más comunes son los siguientes:

Alexa	Es el asistente digital de Amazon. En Estados Unidos, se lanzó en 2014 con Amazon Echo (unos altavoces inteligentes con los que *Alexa* se expresaba). A España llegó en 2018.

Continúa en página siguiente >>

<< Viene de página anterior

| **Google Assistant** | Es el asistente digital de *Google*. Irrumpió en el mercado más tarde que Alexa, en 2016, pero ha evolucionado más rápidamente y se encuentra compitiendo por el primer puesto entre los asistentes digitales. |
| **Siri** | Es el asistente digital de *Apple*. Fue asistente digital pionero, ya que salió a la venta en 2011. A diferencia de *Alexa* y *Google Assistant*, solo puede utilizarse en dispositivos *Apple*. |

APLICACIÓN PRÁCTICA

Juan quiere empezar a utilizar un asistente de voz que le dé las noticias y la información meteorológica todas las mañanas. Teniendo en cuenta que tiene un teléfono con el sistema operativo Android instalado, ¿cuál es el asistente de voz que deberá utilizar?

Solución

Hay que tener en cuenta que la elección del asistente de voz depende directamente del sistema operativo que tengamos instalado en nuestros dispositivos. En este caso, tenemos instalado *Android,* por lo que solo podemos utilizar *Alexa* como asistente.

Para configurar un asistente de voz, hay que llevar a cabo como mínimo las siguientes tareas:

- **Activación del asistente.** Hay que asegurarse de que el asistente de voz está habilitado en la configuración de los dispositivos. Normalmente, se puede activar manteniendo presionado el botón de inicio o diciendo un comando de activación como, por ejemplo, *"Hey, Siri"* u "Ok, *Google"*.
- **Ajustes de privacidad.** Revisar y ajustar las configuraciones de privacidad relacionadas con el asistente de voz. Con una configuración adecuada, se pueden controlar los datos que se comparten y qué uso hacer de los mismos.
- **Comandos de voz personalizados.** Configurar comandos de voz personalizados para realizar acciones específicas. Por ejemplo, se puede

asignar un comando para enviar mensajes, establecer recordatorios o reproducir música.

- **Integración con las aplicaciones.** Hay que asegurarse de que el asistente de voz está integrado con las aplicaciones que se utilizan con más frecuencia. Por ejemplo, se puede permitir el acceso a servicios como el correo electrónico, el calendario, las aplicaciones de mensajería instantánea, etc.
- **Aprendizaje continuo.** Los asistentes de voz aprenden a medida que se van utilizando. Se recomienda proporcionarles retroalimentación a través de comandos y ajustar las configuraciones según las preferencias para que el aprendizaje sea más rápido y acertado.

2.6. Dispositivos portables *(wearables)*

Los dispositivos portables (en inglés, *wearables)* son dispositivos electrónicos que se utilizan en el cuerpo humano e interactúan con otros dispositivos con la finalidad de **transmitir o recoger** algún tipo de información.

Se trata de **dispositivos multitarea** que incluyen numerosas funciones (navegación por la red, conexión con otros dispositivos, instalación de aplicaciones, servicios de geolocalización, mediciones de indicadores de salud, etc.) y que han permitido mejorar la salud y el bienestar de las personas (o incluso, de animales o plantas).

 SABÍAS QUE...

El dispositivo portable más conocido es el reloj inteligente o *smartwatch,* pero la variedad existente en el mercado es incuantificable.

Los dispositivos portables más comunes y utilizados son los siguientes:

- **Reloj inteligente.** Permiten hacer muchas funcionalidades que hacen los teléfonos inteligentes, desde responder una llamada hasta pagar en los comercios.
- **Pulseras de actividad.** Controlan el ritmo cardíaco, la cantidad de oxígeno en sangre, los pasos realizados o la tensión, entre otros.
- **Plantillas deportivas.** Controlan y monitorizan la pisada para poder optimizarla, y así prevenir y evitar lesiones.

- **Sensores corporales.** Controlan las constantes vitales, la temperatura corporal, la calidad del sueño o, incluso, la actividad cerebral. Suelen tener forma de tatuaje y se colocan sobre la piel, aunque ya se encuentran algunos con sensores intracorporales.
- ***Wearables* para bebés.** Se colocan sobre la ropa del bebé para controlar su respiración, su nivel de actividad o su temperatura, entre otros.

APLICACIÓN PRÁCTICA

María se está planteando comenzar a hacer ejercicio y quiere monitorizar sus datos de salud y controlar su ritmo cardíaco mientras corre, además de la cantidad de pasos que realiza. ¿Qué *wearable* le recomendarías?

Solución

Las plantillas deportivas monitorizan la pisada del usuario y el reloj inteligente, aunque mide determinados parámetros de salud, no lo realiza de forma fiable. Por ello, el dispositivo portátil más recomendable para María es una pulsera de actividad.

- -

Para realizar la configuración avanzada de un *wearable,* hay que llevar a cabo como mínimo las siguientes tareas:

- **Emparejamiento con el dispositivo móvil**

  - Activar la función *bluetooth* en el dispositivo.
  - Abrir la aplicación correspondiente para su emparejamiento, teniendo en cuenta que cada *wearable* tiene su aplicación correspondiente.
  - Abrir la aplicación y seguir las instrucciones que indique para emparejar el *wearable* con el teléfono móvil.

- **Ajustes de usuario**

  - Seleccionar el idioma y la región deseados.
  - Introducir los parámetros del usuario que se quieran medir/controlar: altura, peso, actividad física, etc.

⊃ **Configuración de notificaciones**

  ᴗ Configurar las notificaciones que se deseen recibir en el *wearable* (llamadas, mensajes, etc.).

⊃ **Configuración de notificaciones**

  ᴗ Configurar las notificaciones que se deseen recibir en el *wearable* (llamadas, mensajes, etc.).

⊃ **Configuración de objetivos y alertas**

  ᴗ Establecer objetivos periódicos (diarios, semanales o mensuales) para actividades físicas, pasos, calorías quemadas, etc.
  ᴗ Configurar alertas para alcanzar objetivos, recordatorios de actividad y notificaciones de inactividad.

⊃ **Personalización de pantallas**

  ᴗ Actualmente, muchos *wearables* ofrecen la opción de poder configurar las distintas pantallas de información de los mismos, desde la información que queramos ver hasta de qué forma queremos que esté dispuesta.

⊃ **Actualizaciones de *firmware***

  ᴗ Verificar si hay actualizaciones de *firmware* disponibles para el *wearable*.
  ᴗ En caso de haber actualizaciones disponibles, hay que instalarlas para asegurarse de disponer de las últimas funciones y correcciones. Normalmente, esta tarea se suele poder llevar a cabo desde el teléfono móvil.

⊃ **Configuración de conectividad adicional**

  ᴗ Si el *wearable* tiene funciones adicionales, como GPS o sistema de pagos NFC, entre otras, hay que configurarlas y emparejarlas con el teléfono móvil para un correcto funcionamiento.

3. Instalación de los sistemas operativos

HILO CONDUCTOR

El proveedor ha entregado todos los ordenadores que adquirió Digital Network, S. L., pero no les han ofrecido ningún asesoramiento sobre cómo empezar a utilizarlos. Su reto más importante va a ser seleccionar el sistema operativo que van a utilizar y cómo instalarlo y configurarlo para adaptarlo a las necesidades de la empresa.

La instalación del sistema operativo es el proceso que marca el inicio de la vida operativa de cualquier dispositivo electrónico. Este procedimiento, vital para dispositivos como ordenadores o servidores, implica la instalación y configuración de un *software* base con la finalidad de que se pueda establecer una interacción fluida entre el *hardware* y el usuario.

Eso sí, hay que tener en cuenta qué tipo de interacción se quiere tener con el *hardware* (el del ordenador, en este caso), para elegir correctamente qué sistema operativo instalar, ya que eso va a ser lo que determine aspectos tan básicos como los siguientes:

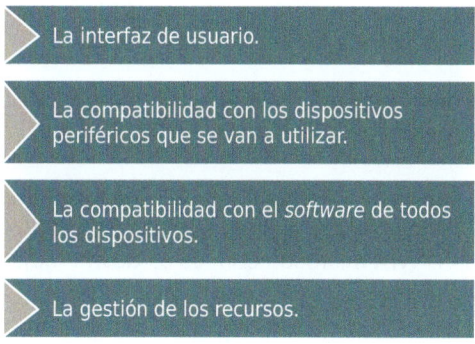

> La interfaz de usuario.

> La compatibilidad con los dispositivos periféricos que se van a utilizar.

> La compatibilidad con el *software* de todos los dispositivos.

> La gestión de los recursos.

✏️ ACTIVIDAD COMPLEMENTARIA

2. Inicia tu ordenador y averigua qué sistema operativo tienes instalado.

3.1. Licencias y descarga de instaladores de sistema

Aunque este aspecto se va a tratar en un apartado posterior, antes de instalar un sistema operativo hay que tener en cuenta que, para algunos de ellos, hay que adquirir una licencia para poder descargarlos y poder utilizarlos de forma completa.

Por ello, antes de proceder a descargar el sistema operativo a instalar, es vital asegurarse que se dispone de una licencia válida.

 EJEMPLO

Si se quiere instalar el sistema operativo *Microsoft Windows* (en cualquiera de sus versiones), el programa requiere unas claves de producto para poder activarlo y operar con él.

Las licencias pueden ser adquiridas o, en ocasiones, vienen ya preinstaladas en el ordenador (es decir, la licencia se ha adquirido conjuntamente con el ordenador).

Sin embargo, si se quiere instalar un sistema operativo libre y gratuito, basta con descargarlo directamente de la web, sin necesidad de realizar ningún tipo de compra adicional.

Para descargar el sistema operativo, si este no viene preinstalado, hay que visitar el sitio web que lo comercializa o lo ofrece.

Si se quiere descargar *Microsoft Windows,* por ejemplo, se puede descargar el instalador desde el sitio web de Microsoft, en el apartado **Centro de descarga** (https://www.microsoft.com/es-es/download):

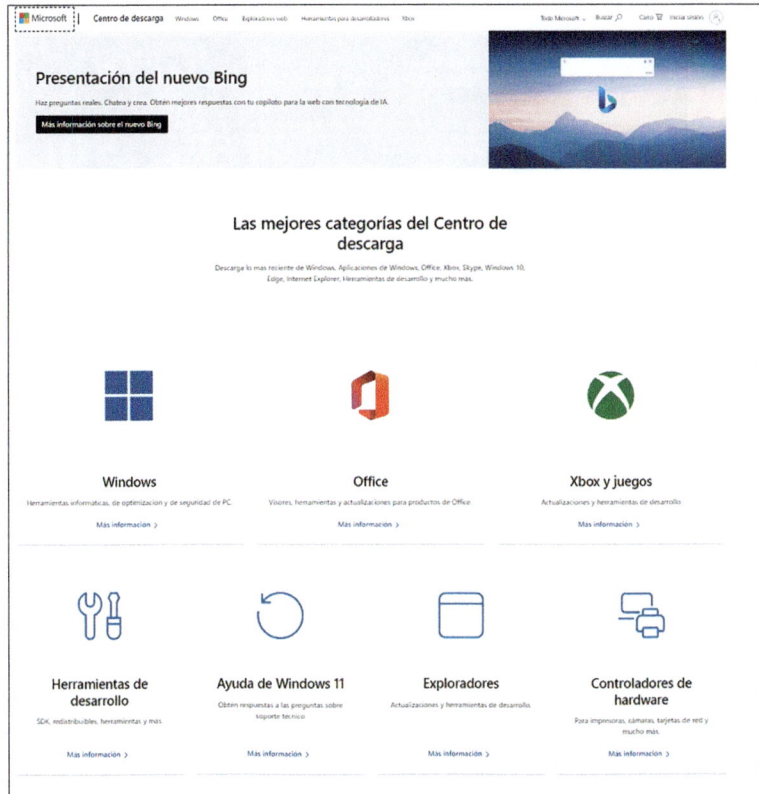

Centro de descarga de Microsoft, desde donde se puede descargar una de las versiones más actualizadas que ofrece del sistema operativo Microsoft Windows.

Como se puede ver en la imagen de la página anterior, en el **Centro de descarga** se ofrecen varios productos de Microsoft.

Como queremos instalar *Windows,* simplemente hay que pulsar dicha opción, seleccionar la versión del programa deseada y pulsar en **Descargar** de la opción deseada, según si se quiere instalar directamente con un asistente, descargar el programa para instalarlo posteriormente a partir de un USB o de un DVD, o crear un soporte de instalación para poder crear un USB o DVD de arranque con *Windows* incluido:

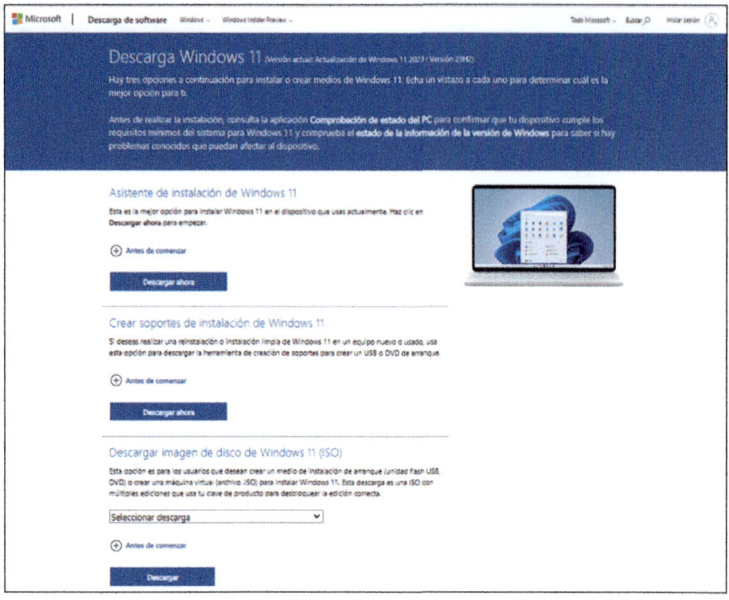

Opciones de descarga de Windows 11. Como se puede observar en la imagen, hay distintas opciones para su descarga.

3.2. Instalación y configuración

Como se ha adelantado en el apartado anterior, para instalar un sistema operativo hay varias alternativas:

Creación de un medio de instalación
- En este caso, se necesita una memoria USB o un DVD que contenga los archivos de instalación del sistema operativo, desde la cual, además, se pueda arrancar el ordenador. Es la opción que se utiliza cuando se quiere instalar un sistema operativo desde cero.
- Para ello, hay que grabar la imagen ISO en el DVD o USB de arranque e iniciar el ordenador con el DVD o el USB insertado en el mismo. Este paso es fundamental para que el ordenador arranque desde el dispositivo externo y se pueda iniciar el proceso de instalación.

Instalación de una nueva versión del sistema operativo preinstalado en el ordenador
- En este caso, no se requiere ningún soporte adicional para poder instalar el sistema operativo. Se descarga el instalador del mismo en el ordenador, se inicia desde ahí y se instala siguiendo las instrucciones del mismo.

Los pasos básicos para instalar y configurar el sistema operativo desde cero pueden variar según el sistema que se vaya a instalar.

No obstante, de modo general, los pasos que se deben seguir son los siguientes:

1. **Arranque del ordenador desde el medio de instalación.** Hay que reiniciar el ordenador con el dispositivo de instalación insertado. Esto permitirá que el sistema operativo se cargue desde el medio de instalación que se ha creado.
2. **Proceso de instalación.** Seguir las instrucciones del instalador: durante este proceso, se puede seleccionar la configuración de idioma, región y otras preferencias iniciales. También permite optar por una instalación limpia (formateando el disco) o una actualización, si ya se dispone de una versión anterior del sistema operativo.
3. **Particionamiento del disco.** Configurar las particiones del disco durante la instalación. Se puede dejar que el sistema las gestione automáticamente o personalizarlas según las necesidades del usuario. Este paso es crucial para organizar el almacenamiento y asignar espacio para el sistema operativo y otros datos.
4. **Introducción de la clave de producto (si procede).** Si se está instalando un sistema operativo que requiere una clave de producto, hay que introducirla durante el proceso de instalación. Esta clave suele ser proporcionada con la compra del sistema operativo.
5. **Configuración de la cuenta de usuario.** Crear una cuenta de usuario y configurar las preferencias de configuración inicial, como el nombre de usuario, la contraseña y las opciones de privacidad.
6. **Actualizaciones y controladores.** Una vez finalizada la instalación, hay que realizar las actualizaciones del sistema operativo para asegurarse de que esté al día con las últimas correcciones y mejoras de seguridad. También se recomienda descargar y/o actualizar los controladores necesarios para el *hardware* del PC.

 TAREA 2

Marta acaba de comprar un ordenador, lo necesita urgentemente y no puede esperar a que un técnico acuda a la empresa para que le instale el sistema operativo y le configure los parámetros básicos para poder comenzar a utilizarlo.

Ayuda a Marta a instalar el sistema operativo indicándole resumidamente cuáles son las fases que debe seguir para que la instalación se realice de forma exitosa.

3.3. Personalización del sistema

Una vez instalado y configurado el sistema operativo, los usuarios pueden personalizarlo según sus preferencias para crear su entorno individual y hacerlo más práctico, más usable y más adaptado a sus necesidades.

Al ofrecer una variedad de opciones para ajustar la apariencia, las funcionalidades y la experiencia del usuario en general, personalizar un sistema operativo no solo permite la adaptación de la forma de su visualización al usuario, sino que también mejora la eficiencia y la comodidad de su uso.

La personalización del sistema operativo aborda aspectos clave como la configuración del escritorio, la selección de temas y colores, la organización del menú inicio, además de la adaptación de la interfaz gráfica para crear un entorno de trabajo completamente adaptado a las preferencias individuales de cada usuario.

 SABÍAS QUE...

Puedes personalizar numerosos aspectos de la vista de tu sistema operativo. No obstante, si prefieres ahorrar tiempo, los sistemas operativos suelen tener disponibles distintos temas que puedes descargar e instalar directamente desde internet.

Las tareas más relevantes que todo usuario debe realizar para personalizar el entorno de trabajo del sistema operativo son las siguientes:

- **Configuración del escritorio.** Muchos sistemas operativos permiten cambiar la apariencia del escritorio para personalizar la experiencia del usuario, configurando el fondo de pantalla, la distribución de los iconos y el tamaño de estos.
- **Configuración del tema y de los colores.** Además del fondo de pantalla, se puede configurar un tema determinado, con unos colores concretos. También se puede configurar la fuente utilizada para las letras que se presentan en los menús y en los iconos.
- **Menú de inicio y barra de tareas.** Hay que configurar el menú de inicio y la barra de tareas anclando los iconos de aquellas aplicaciones que más se utilicen para que sean accesibles de una forma más rápida. Además de anclarlos en la barra de tareas y en el menú de inicio, se puede modificar el orden de su presentación, según las preferencias del usuario.

⊃ **Configuración de red.** Hay que configurar la conexión a internet del sistema operativo. Este aspecto es fundamental para que el sistema operativo detecte si hay alguna actualización disponible para poder acceder a servicios disponibles en línea.

3.4. Configuración de periféricos

Como hemos podido observar en apartados anteriores, la selección y utilización de periféricos es fundamental para maximizar la eficiencia y la versatilidad de todo sistema informático.

 IMPORTANTE

Una configuración adecuada de este tipo de dispositivos no solo garantiza un funcionamiento sin problemas de impresoras, escáneres, teclados, ratones y otros dispositivos externos, sino que también potencia la experiencia del usuario al ofrecer una navegación más intuitiva y adaptada a sus necesidades específicas.

Así, la instalación del sistema operativo no solo implica la configuración de sus parámetros básicos, sino que, además, hay que configurar los dispositivos periféricos (tanto de entrada como de salida) con los controladores más actualizados para que optimizar la experiencia del usuario.

Uno de los periféricos de entrada más utilizados es el ratón, con cable o inalámbrico.

La configuración avanzada de los dispositivos periféricos más utilizados implica las tareas que se muestran a continuación:

- **Teclado y ratón.** Antes de la instalación del sistema operativo, hay que asegurarse de que el teclado y el ratón están conectados correctamente. Además, hay que personalizar las funcionalidades y los parámetros del ratón y del teclado para adaptarlos a las preferencias del usuario y realizar ajustes de velocidad del teclado y del ratón, sensibilidad del ratón y de los atajos del teclado, entre otros.
- **Monitores y tarjetas gráficas.** Hay que asegurarse de que los monitores están bien conectados y configurar la disposición de las pantallas según las necesidades del usuario. Hay que tener en cuenta que una de las pantallas será la principal (desde la que se inicie el dispositivo) y que el resto serán pantallas secundarias. Además, hay que introducir los ajustes de resolución y frecuencia de actualización del controlador de la tarjeta gráfica para aprovechar al máximo la calidad visual.
- **Impresora y escáneres.** Además de instalar los controladores de la impresora y los escáneres, hay que calibrar y ajustar el escaneo de las imágenes y los distintos parámetros iniciales de impresión de la impresora, como, por ejemplo, el tamaño del papel, los márgenes, la utilización del color, etc.
- **Dispositivos de almacenamiento externo.** Conectar los discos duros externos y los otros dispositivos de almacenamiento que se quieren utilizar junto con el ordenador. Además, se recomienda realizar una copia de respaldo de la información que contiene el ordenador en un dispositivo externo, con la finalidad de poder recuperarla, en caso de que el ordenador presente un fallo.
- **Dispositivos de red.** Los controladores de la tarjeta de red deben estar instalados y actualizados para que el ordenador pueda conectarse correctamente a internet y aprovechar la velocidad máxima de la red.
- **Configuración de audio.** Ajustar la configuración del audio del ordenador, seleccionando los dispositivos. Hay que configurar los altavoces, auriculares, el micrófono y, posteriormente, realizar una prueba con todos ellos para verificar su correcto funcionamiento.

3.5. Sistemas operativos disponibles: libre y de propiedad

Como se ha ido comentando a lo largo de la unidad, la elección del sistema operativo es una decisión fundamental que va a influir notablemente en la experiencia informática del futuro usuario.

SABÍAS QUE...

En el mercado hay una gran diversidad de sistemas operativos disponibles, ofreciendo a los usuarios un abanico de posibilidades, cada una con sus peculiaridades, características y enfoques.

- -

Los sistemas operativos se clasifican en dos grandes grupos:

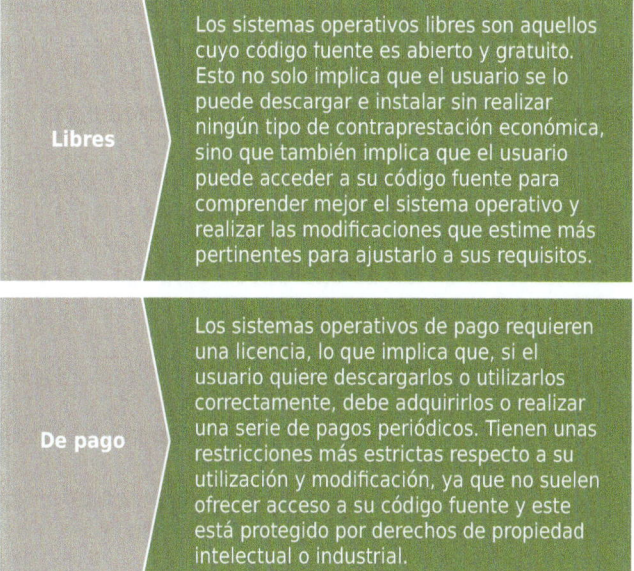

Libres

Los sistemas operativos libres son aquellos cuyo código fuente es abierto y gratuito. Esto no solo implica que el usuario se lo puede descargar e instalar sin realizar ningún tipo de contraprestación económica, sino que también implica que el usuario puede acceder a su código fuente para comprender mejor el sistema operativo y realizar las modificaciones que estime más pertinentes para ajustarlo a sus requisitos.

De pago

Los sistemas operativos de pago requieren una licencia, lo que implica que, si el usuario quiere descargarlos o utilizarlos correctamente, debe adquirirlos o realizar una serie de pagos periódicos. Tienen unas restricciones más estrictas respecto a su utilización y modificación, ya que no suelen ofrecer acceso a su código fuente y este está protegido por derechos de propiedad intelectual o industrial.

Los **sistemas operativos libres** más utilizados son los siguientes:

➲ **Ofrecidos por** *Linux*

- ◑ Ofrece una amplia variedad de sistemas operativos como, por ejemplo, *Ubuntu, Fedora* o *Debian*.
- ◑ Ofrece flexibilidad y numerosas opciones de personalización.

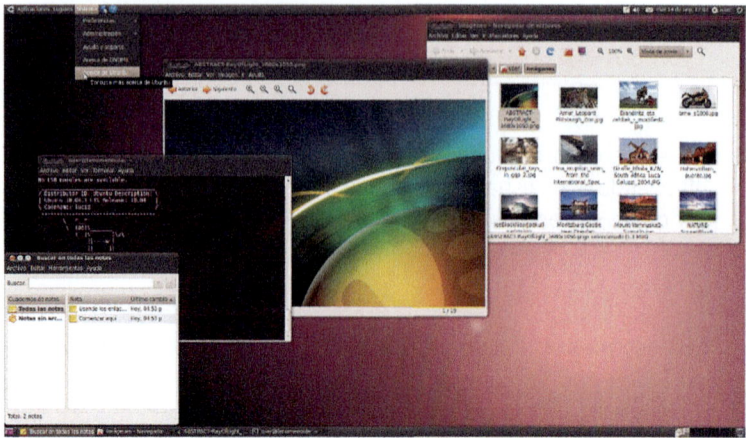

Ubuntu es uno de los sistemas operativos gratuitos más utilizados.

➲ Ofrecidos por BSD *(Berkeley Software Distribution)*

- ◊ Incluye sistemas operativos como *FreeBSD, OpenBSD* o *NetBSD*.
- ◊ Destacan por su estabilidad y desempeño.

Por otro lado, los **sistemas operativos de pago** más utilizados son los siguientes:

➲ *Microsoft Windows*

- ◊ Dispone de varias ediciones como *Windows 10, Windows 11* o *Windows Server.*
- ◊ Es uno de los sistemas operativos más utilizado, tanto en ordenadores personales como en entornos empresariales.

➲ *MacOS*

- ◊ Está especialmente diseñado para ordenadores *Mac* de *Apple*.
- ◊ Ofrece una interfaz muy atractiva visualmente y herramientas exclusivas.

➲ *iOS* y *Android*

- ◊ Están diseñados para dispositivos móviles *(iOS para dispositivos Apple y Android para otros fabricantes)*.
- ◊ Son los sistemas operativos más utilizados en los teléfonos móviles inteligentes.

 **TAREA 3**

Mónica acaba de adquirir un ordenador portátil sin ningún sistema operativo instalado. Ha estado investigando sobre los distintos sistemas operativos que hay en el mercado y tiene muchas dudas sobre cuál instalar en su ordenador.

Ella no tiene ningún interés en consultar o modificar el código fuente del mismo y no le importaría tener que pagar para adquirirlo.

Asesora a Mónica sobre el sistema operativo que más se puede ajustar a sus necesidades y preferencias.

----

4. Comparación de la conectividad entre dispositivos tecnológicos

☞ HILO CONDUCTOR

La empresa Digital Network, S. L. ha conseguido elegir, instalar y configurar los dispositivos más adecuados para su actividad diaria, pero tienen numerosos empleados a los que han facilitado distintos dispositivos tecnológicos y no los tienen conectados con la red principal. En este momento, van a tener que configurar las redes disponibles y todos los dispositivos tecnológicos para que estén conectados entre ellos y mejorar la conectividad global.

En la era digital actual, la capacidad de conectar los dispositivos tecnológicos entre sí es fundamental para poder compartir información. Desde enviar mensajes rápidos hasta realizar transacciones de una forma segura, la elección de la conectividad entre los dispositivos puede tener un gran impacto en las posibilidades y funcionalidades que estos pueden ofrecer.

A continuación, se van a describir los distintos tipos de conectividad, detallando sus características más fundamentales y evaluando los riesgos y beneficios de cada uno de ellos; todo ello con la finalidad de tener suficiente información y conocimiento para ser capaz de elegir el tipo de conectividad más adecuado para cada situación, dispositivo y contexto en general.

Los tipos de conectividad pueden clasificarse, fundamentalmente, entre conectividad inalámbrica y conectividad con hilos.

4.1. Diferencias entre los tipos de conectividad: Wifi, *Bluetooth*, NFC, otros con o sin hilos

Como ya se ha ido indicando anteriormente, la conectividad entre los dispositivos desempeña un papel fundamental en la experiencia digital de los usuarios.

A pesar de haber una variedad importante de tipos de conectividad, se pueden clasificar en dos grandes grupos:

> **Conectividad inalámbrica o conectividad sin hilos**
> Hace referencia a dispositivos electrónicos sin la necesidad de utilizar cables físicos para la transmisión de datos. En lugar de depender de conexiones por cable, esta tecnología utiliza ondas electromagnéticas, como las ondas de radio o microondas, para permitir la comunicación y transferencia de información entre dispositivos.

> **Conectividad con hilos**
> Hace referencia a la capacidad de interconectar dispositivos electrónicos mediante el uso de cables físicos para la transmisión de datos. A diferencia de la conectividad inalámbrica, que utiliza ondas electromagnéticas para la comunicación, la conectividad con hilos depende de cables conductores que transportan señales eléctricas u ópticas entre los dispositivos conectados.

Conectividad wifi

La conectividad wifi hace referencia a la capacidad de dispositivos electrónicos para conectarse y comunicarse entre sí a través de ondas de radio en lugar de cables físicos. Wifi, que significa *wireless fidelity* o fidelidad sin cables, ha supuesto un gran avance respecto a la forma en que los dispositivos se conectan a internet y a otras redes locales.

Las principales **características** de la conectividad wifi son las siguientes:

- **Ausencia de cables físicos.** A diferencia de las conexiones con cables como Ethernet, la conectividad wifi elimina la necesidad de cables físicos para la transmisión de datos, lo que proporciona mayor movilidad y flexibilidad a los dispositivos.
- **Transmisión de la información por ondas de radio.** La conectividad wifi emplea ondas de radio para transmitir la información entre los dispositivos. Esta tecnología permite la comunicación inalámbrica en un rango determinado, permitiendo a los dispositivos conectarse a una red local o a internet sin necesidad de cables.
- **Versatilidad y escalabilidad.** Es una conectividad versátil y se utiliza en una gran variedad de dispositivos como teléfonos inteligentes, ordenadores portátiles, impresoras, cámaras y cualquier otro tipo de dispositivo que soporte esta tecnología. Además, las redes wifi pueden escalarse fácilmente para cubrir áreas más grandes o conectar más dispositivos.
- **Seguridad.** Las redes wifi suelen contar con protocolos de seguridad, como WPA2 *(wifi protected access 2)*, que protegen la información transmitida contra accesos no autorizados.
- **Velocidades variables.** La velocidad de la conexión wifi puede variar dependiendo del estándar utilizado (por ejemplo, wifi 4, wifi 5, wifi 6) y de factores como la distancia entre el dispositivo y el punto de acceso, interferencias y congestión en la red.

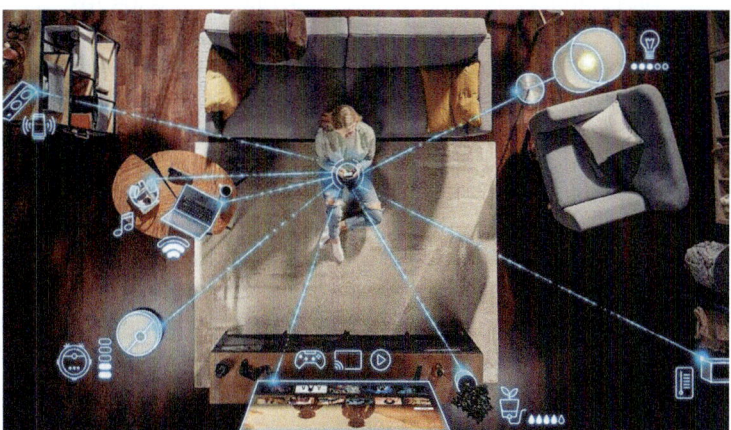

Con la conectividad wifi ya podemos conectar muchos dispositivos electrónicos en nuestro hogar para poder controlar su funcionamiento desde nuestros móviles.

Conectividad *Bluetooth*

La conectividad *bluetooth* es una tecnología inalámbrica que permite la transmisión de datos a corta distancia entre dispositivos electrónicos. La diferencia fundamental entre la conectividad *bluetooth* y la conectividad wifi es la distancia a la que pueden estar los dispositivos electrónicos que se van a conectar: mientras que la conectividad wifi cubre largas distancias, la conectividad *bluetooth* no soporta más que algún metro de distancia entre dispositivos.

Uno de los usos más recientes y más habituales de la tecnología bluetooth es la utilización de auriculares inalámbricos.

Las características principales de la conectividad *bluetooth* son las siguientes:

- **Conexión inalámbrica.** Esta tecnología elimina la necesidad de cables físicos para la conexión entre dispositivos. Permite la transmisión de datos y la comunicación entre dispositivos que se encuentran en proximidad, generalmente en un rango de unos pocos metros.
- **Bajo consumo de energía.** Se trata de una tecnología diseñada para ser eficiente en términos de consumo de energía. Esto la hace adecuada para dispositivos portátiles, como auriculares inalámbricos, altavoces, ratones y teclados, que funcionan normalmente con batería.
- **Fácil emparejamiento.** Los dispositivos que disponen de *bluetooth* se emparejan fácilmente a través de un proceso simple. Generalmente, solo hay que poner ambos dispositivos en modo de emparejamiento y seleccionar la conexión en el dispositivo deseado.
- **Amplia gama de dispositivos compatibles.** La conectividad *bluetooth* se utiliza en una gran variedad de dispositivos, desde teléfonos inteligentes hasta accesorios para el coche, electrodomésticos, dispositivos médicos, entre otros.
- **Perfiles *bluetooth.*** Se puede configurar la forma en la que los dispositivos utilizan la tecnología *bluetooth* para realizar una serie de tareas específicas. Por ejemplo, se puede configurar un perfil *bluetooth* de manos libres para poder utilizarlo en el coche y otro perfil de transferencia de archivos para transmitir información a un ordenador.

Conectividad NFC

La conectividad NFC *(Near Field Communication)* es una tecnología inalámbrica que permite la comunicación y transferencia de datos entre dispositivos electrónicos a distancias muy cortas, generalmente, de unos pocos centímetros.

Las principales características de esta conectividad son las siguientes:

- **Corto alcance.** La tecnología NFC opera a distancias extremadamente cortas, normalmente a menos de cuatro centímetros. Esta limitación de alcance proporciona un nivel adicional de seguridad, ya que los dispositivos deben estar muy cerca uno del otro para establecer una conexión.
- **Comunicación bidireccional.** Permite la comunicación bidireccional, lo que significa que dos dispositivos NFC pueden enviar y recibir información entre ellos. Esto facilita la transferencia de datos en ambas direcciones.
- **Rápida velocidad de transferencia de datos.** Las transacciones con NFC son rápidas y suelen completarse en fracciones de segundo. Esto es particularmente útil en aplicaciones como el pago sin contacto, donde la eficiencia y la rapidez son fundamentales.
- **Seguridad.** Incorpora medidas de seguridad para proteger la información transmitida entre dispositivos. El uso de tecnologías de cifrado y autenticación garantiza la seguridad de las transacciones y la privacidad de los datos.
- **Amplia gama de aplicaciones.** La tecnología NFC cada vez se utiliza en más aplicaciones, como pagos sin contacto, transferencia de archivos, emparejamiento rápido de dispositivos, etiquetas NFC para información adicional, acceso a eventos y transporte público, entre otras.
- **Etiquetas NFC.** Permite la utilización de etiquetas NFC para almacenar información que puede ser leída por dispositivos compatibles con NFC. Estas etiquetas se colocan en objetos o lugares y pueden activar acciones específicas en dispositivos NFC al ser tocadas.

La principal característica clave de NFC es su capacidad para facilitar interacciones rápidas y seguras entre dispositivos cuando están en proximidad.

Otras conectividades con hilo: conectividad Ethernet

La conectividad Ethernet hace referencia a aquella tecnología que permite la comunicación y transmisión de datos a través de cables físicos, generalmente, cables de par trenzado, fibras ópticas o, en menor medida, cables coaxiales. Es una de las formas más tradicionales y establecidas de conexión en redes de ordenadores.

Las principales características de la conectividad Ethernet son las siguientes:

- **Conexión con hilos.** A diferencia de las tecnologías inalámbricas como wifi o *Bluetooth,* la conectividad Ethernet utiliza cables físicos para la transmisión de información entre dispositivos.
- **Velocidades variables.** La velocidad de la conexión Ethernet puede variar y ha evolucionado a lo largo del tiempo con diferentes estándares. Los estándares más comunes incluyen Ethernet 10/100 Mbps (*Fast Ethernet), Gigabit Ethernet* (1 Gbps), 10 *Gigabit Ethernet* (10 Gbps), y versiones más recientes que ofrecen velocidades aún más altas.
- **Estándares IEEE.** La conectividad Ethernet sigue estándares definidos por el IEEE (Instituto de Ingenieros Eléctricos y Electrónico, en inglés *Institute of Electrical and Electronics Engineers).* El estándar más común es IEEE 802.3, que establece las especificaciones para Ethernet.
- **Amplia utilización en redes locales (LAN).** La tecnología Ethernet es comúnmente utilizada en la implantación de redes locales (LAN), ya que permite conectar ordenadores, impresoras, servidores y otros dispositivos dentro de una ubicación geográfica limitada.
- **Conexión estable y segura.** Al utilizar cables físicos, la conectividad Ethernet, generalmente, ofrece una conexión más estable y segura en comparación con las conexiones inalámbricas, sobre todo en entornos donde se requiere una alta confiabilidad.

- **Distancias limitadas.** La longitud máxima de un cable Ethernet estándar puede influir en la distancia que puede cubrir la conexión. Sin embargo, existen soluciones para extender estas distancias utilizando repetidores.
- **Utilización extendida en entornos empresariales.** Ethernet es la tecnología predominante en entornos empresariales, debido a su fiabilidad y a su capacidad para manejar grandes volúmenes de tráfico de datos.

Diferencias entre los tipos de conectividad

A pesar de que ya se han ido comentando las características y las diferencias entre los distintos tipos de conectividad con y sin hilos más utilizadas, en la siguiente tabla se esquematizan sus principales diferencias:

	Descripción	Ventajas	Desventajas
Wifi	Utiliza ondas de radio para la transmisión de datos en redes locales y extensas.	Alta velocidad. Alcance considerable, apropiado para redes extensas.	Mayor consumo de energía. Vulnerabilidad a interferencias.
Bluetooth	Facilita la conexión entre dispositivos cercanos.	Consumo de energía eficiente, emparejamiento sencillo.	Alcance limitado, velocidad moderada.
NFC	Permite la transferencia de datos cuando los dispositivos están en proximidad.	Velocidad rápida, seguro para transacciones de proximidad.	Alcance extremadamente corto.
Ethernet	Utiliza cables físicos para la transmisión de datos.	Mayor velocidad, menor susceptibilidad a interferencias.	Limitación de movilidad, necesidad de cables físicos.

4.2. Evaluación de los riesgos y beneficios de cada tipología

Como se ha podido ir deduciendo a lo largo de los apartados, el panorama de la conectividad tecnológica cada vez es más amplio y extenso, ya que cada vez hay más alternativas y las innovaciones evolucionan a un ritmo muy acelerado.

Es más que evidente que la elección entre las diversas tecnologías de conectividad no es simplemente una cuestión de conveniencia, sino que implica un delicado equilibrio entre los riesgos y beneficios inherentes a cada opción.

Por ello, una vez definidos los tipos de conectividad con y sin hilos más expandidos en la actualidad, descritas sus características fundamentales y realizada una comparativa entre todas ellas, hay que centrarse en la evaluación de los riesgos que implica su utilización, junto con los beneficios que pueden ofrecer.

 SABÍAS QUE...

La conectividad wifi ya tiene varios estándares, siendo el más actual la conectividad wifi 7, a punto de salir al mercado.

Beneficios

Para tener la información más comprensible, a continuación se describen los principales **beneficios** de los cuatro tipos de conectividad que se han descrito a lo largo del apartado:

1. **Wiki:**

   - **Alta velocidad:** es conocida por su velocidad de transmisión de datos, ofrece conexiones de alta velocidad, esenciales para la transferencia rápida de archivos y *streaming* de contenido multimedia.
   - **Movilidad:** proporciona libertad de movimiento al eliminar la necesidad de cables físicos, permitiendo una conectividad fluida en diferentes ubicaciones.
   - **Conveniencia:** la facilidad de conexión y la disponibilidad generalizada hacen que la conectividad wifi sea una opción conveniente para usuarios en entornos domésticos y empresariales.

2. *Bluetooth:*

   - **Eficiencia energética:** diseñado para el bajo consumo de energía, la conectividad *bluetooth* es ideal para dispositivos alimentados por baterías, como auriculares y dispositivos portátiles.

- **Emparejamiento sencillo:** el proceso de emparejamiento es rápido y sencillo, facilitando la conexión de dispositivos de manera intuitiva.

3. **NFC:**

- **Eficiencia energética:** diseño para el bajo consumo de energía, la conectividad *bluetooth* es ideal para dispositivos alimentados por baterías, como auriculares y dispositivos portátiles.
- **Emparejamiento sencillo:** el proceso de emparejamiento es rápido y sencillo, facilitando la conexión de dispositivos de manera intuitiva.

4. **Ethernet**

- **Estabilidad:** las conexiones con hilos ofrecen una estabilidad superior, minimizando la interferencia y proporcionando una conexión más confiable.
- **Velocidades elevadas:** la transmisión a través de cables físicos permite velocidades de transferencia de datos más altas en comparación con algunas tecnologías inalámbricas.

Riesgos

Además de los beneficios que ofrecen los distintos tipos de conectividad, resulta especialmente importante conocer los **riesgos más comunes.** Estos se describen a continuación:

➲ **Wifi**

- **Seguridad:** a pesar de las medidas de seguridad, las redes wifi pueden ser vulnerables a intrusiones, si no se implementan configuraciones de seguridad adecuadas.
- **Interferencias:** la saturación del espectro de radio y la interferencia pueden afectar la calidad de la señal, disminuyendo el rendimiento de la red.

➲ *Bluetooth*

- **Alcance limitado:** la tecnología *bluetooth* opera a distancias cortas, lo que puede limitar su aplicabilidad en entornos que requieren conexiones a mayor distancia.
- **Velocidad moderada:** aunque eficiente en términos de energía, la tecnología *bluetooth* puede ofrecer velocidades de transferencia de datos moderadas en comparación con otras tecnologías.

⮑ **NFC**

◑ **Alcance muy corto:** la limitación de la distancia efectiva entre dispositivos puede ser una restricción en algunas aplicaciones.

◑ **Limitado para transacciones cercanas:** aunque eficiente para transacciones cercanas, no es la opción ideal para la conectividad a mayores distancias.

⮑ **Ethernet**

◑ **Limitación de movilidad:** la necesidad de cables físicos limita la movilidad de los dispositivos conectados, lo que puede ser inconveniente en entornos que requieren flexibilidad.

4.3. Selección según el contexto

La evaluación de riesgos y beneficios en la conectividad tecnológica resulta esencial para poder adaptar las opciones de conectividad a las necesidades específicas de cada entorno.

Ya sea optando por la versatilidad inalámbrica de la conectividad, la eficiencia energética de la tecnología *bluetooth,* la proximidad de NFC o la estabilidad de las conexiones con hilos, los usuarios y profesionales deben sopesar cuidadosamente los factores de riesgo y beneficio para tomar decisiones informadas que respalden una conectividad digital segura y eficiente.

Por ello, la elección de a conectividad debe alinearse con el contexto específico de uso. Para redes extensas y altas velocidades, la conectividad wifi podría ser la más adecuada. En entornos cercanos o para dispositivos de bajo consumo, podrían preferirse tecnologías como *bluetooth* o NFC.

Sin embargo, las conexiones con hilos pueden ser cruciales en aplicaciones y entornos donde se prioriza la velocidad y la seguridad.

En conclusión, esta comparación detallada es la que debe permitir a los usuarios tomar decisiones informadas, considerando los beneficios y riesgos de cada forma de conectividad en el contexto de sus necesidades y escenarios de aplicación.

La gran mayoría de empresas utilizan redes Ethernet para conectar los ordenadores a los servidores donde tienen almacenada toda la información relevante.

 ACTIVIDAD COMPLEMENTARIA

3. Piensa en las utilidades de los tipos de conectividad descritas a lo largo de la unidad. Después escribe un ejemplo donde hagas uso de wifi, *bluetooth*, NFC y Ethernet.

5. Desarrollo y administración de una red o un dispositivo tecnológico para compartir en una red doméstica

 HILO CONDUCTOR

Los empleados de Digital Network, S. L. tienen teléfono móvil de empresa y, algunos de ellos, incluso, disponen de un ordenador portátil facilitado también por la empresa.

Julián Gómez, comercial de la empresa, dispone de un ordenador portátil y de un teléfono móvil que tiene que configurar para poder conectarlos a la red de internet que tiene en su hogar. Para ello, tendrá que conocer qué tecnología de red dispone, cuáles son los distintos dispositivos a conectar e introducir las configuraciones pertinentes.

La creciente presencia de dispositivos inteligentes, desde teléfonos y televisores hasta electrodomésticos y sistemas de seguridad, ha transformado nuestros hogares en espacios interconectados. En este contexto, comprender cómo desarrollar y administrar eficientemente una red doméstica se vuelve crucial para maximizar el rendimiento de los dispositivos y garantizar la seguridad de los datos.

De hecho, el desarrollo de una red doméstica eficiente no se limita solo a la conectividad inalámbrica, sino que también implica la interconexión estratégica de los dispositivos a través de conexiones por cable, la configuración de perfiles de red en sistemas operativos y la implementación de medidas de seguridad sólidas, entre otras.

5.1. Conexión de periféricos a través de una red: impresora, escáner y otros

La conexión de impresoras y escáneres a través de una red doméstica agiliza el acceso a estos dispositivos desde diferentes puntos del hogar, optimizando la eficiencia y la accesibilidad a todos los dispositivos para compartir información de una forma más rápida y segura.

A continuación, se va a explicar cómo conectar los periféricos de uso doméstico más frecuentes a través de una red de un hogar.

Concretamente, se va a proceder a explicar cómo configurar los siguientes dispositivos:

SABÍAS QUE...

Los dispositivos que se pueden conectar a una red doméstica no son solo aquellos que se conectan a un ordenador, sino que cada vez son más los tipos de dispositivos distintos que pueden manejarse y gestionarse desde un teléfono móvil de forma inalámbrica.

Las consolas también pueden conectarse a una red doméstica, bien para descargar juegos nuevos, actualizar los juegos que ya se han adquirido previamente o, incluso, para jugar online a juegos multijugador.

Para explicar cómo **conectar una impresora** a la red, hay que distinguir entre si la impresora ya lleva la conectividad incorporada, o si necesita ser conectada a un ordenador para que esta pueda compartir datos.

Impresoras con conectividad incorporada
Muchas impresoras modernas vienen equipadas con dispositivos de red, lo que facilita su integración en la red doméstica. La configuración generalmente implica asignar una dirección IP única a la impresora a través del panel de control de la impresora o del *software* proporcionado por el fabricante.

Impresoras conectadas a un ordenador central
Si la impresora no tiene capacidad de conectarse a la red, se puede compartir a través de ordenador central. Eso sí, el ordenador debe estar encendido y conectado a la red cuando otros dispositivos deseen imprimir. Se comparte la impresora desde la configuración de impresoras del sistema operativo y se asignan permisos de acceso pertinentes.

Del mismo modo, para **conectar un escáner** a la red hay que distinguir si este tiene conectividad propia o si requiere estar conectado a un ordenador central para poder intercambiar información.

Escáneres con conectividad incorporada

Los escáneres con capacidades de red permiten la digitalización y el acceso remoto a documentos desde los dispositivos que estén conectados a la misma red. Su configuración implica asignar una dirección IP única al escáner y configurar directorios compartidos para el almacenamiento centralizado de documentos escaneados.

Escáneres conectados a un ordenador central

De forma similar a las impresoras, los escáneres pueden compartirse a través de un ordenador central. Para ello, hay que configurar carpetas compartidas para almacenar documentos escaneados y establecer permisos de acceso a dichas carpetas y documentos.

Hay escáneres que son multifunción, es decir, que, además de escanear, pueden imprimir.

Aunque hay muchos dispositivos que pueden conectarse a una red doméstica, uno de los dispositivos cuyo uso está más extendido son las **cámaras IP.**

 **DEFINICIÓN**

Cámaras IP

Dispositivos de vigilancia que permiten transmitir imágenes y, en muchos casos, incluso audio, a través de una red de datos como internet o una red local (LAN).

- -

A diferencia de las cámaras analógicas tradicionales, las cámaras IP tienen la capacidad de conectarse directamente a una red, facilitando su instalación, su gestión y su control desde un dispositivo móvil.

Para **configurar una cámara IP** hay que seguir unas tareas similares a los escáneres y las impresoras:

Configurar una dirección IP
Las cámaras IP se conectan a la red mediante cables Ethernet o bien de forma inalámbrica. Hay que asignar una dirección IP única a cada cámara para acceder a ellas de manera individual.

Acceso remoto
Las cámaras IP, a menudo, cuentan con aplicaciones o interfaces web que permiten el acceso remoto a las mismas. Por ello, su configuración implica establecer cuentas de usuario seguras y configurar la conectividad remota a través de la interfaz de la cámara.

 **IMPORTANTE**

Aunque los pasos para conectar los periféricos a una red son similares, siempre es recomendable leer las instrucciones facilitadas por cada fabricante y ceñirse a ellas para evitar problemas de emparejamiento de dispositivos.

5.2. Equipos de red

Para que la red doméstica trabaje de forma eficiente es imprescindible identificar y gestionar correctamente todos los dispositivos que van a estar conectados a ella. De este modo, se puede garantizar un rendimiento óptimo y una experiencia de usuario sin problemas.

 DEFINICIÓN

Equipo de red
Cualquier dispositivo o componente *hardware* que forma parte de una red y que contribuye al intercambio de datos y recursos entre los dispositivos que forman parte de dicha red. Su función principal es facilitar la conectividad, la comunicación y el flujo de datos en una red.

Los equipos de red más comunes son los siguientes:

- ➲ *Router:* componente central en la red que gestiona el tráfico de datos entre la red local y la red externa, generalmente, internet. Además, puede ofrecer funciones de cortafuegos, asignación de direcciones IP y servicios de red.
- ➲ *Switch:* dispositivo que conecta varios dispositivos en una red local (LAN), a través de cables Ethernet. Pueden gestionar de manera inteligente el tráfico de datos, enviándolo solo al dispositivo destinatario, lo que mejora la eficiencia de la red.
- ➲ **Punto de acceso:** dispositivo que permite la conexión inalámbrica a una red cableada. Proporciona conectividad wifi para dispositivos como computadoras portátiles, teléfonos inteligentes y tabletas.
- ➲ *Bridge*/**puente:** equipo que conecta dos segmentos de red para formar una red única. Puede utilizarse para unir redes cableadas e inalámbricas o para conectar redes de tipos diferentes.
- ➲ **Repetidor:** equipo que se utiliza para extender el alcance de una red inalámbrica, retransmitiendo las señales para superar obstáculos y mejorar la cobertura.
- ➲ **Servidor:** los servidores proporcionan servicios específicos en una red y se utilizan para almacenar y gestionar recursos compartidos y servicios. Ejemplos de servidores son los servidores de archivos, servidores web o servidores de correo electrónico, entre otros.

5.3. Principios del funcionamiento y protocolos de una red

Para conocer el funcionamiento de una red, hay que definir y comprender qué es una **topología de red.**

 **DEFINICIÓN**

Topología de red
Estructura física o lógica de una red de ordenadores, de modo que define cómo están conectados los dispositivos en la red y cómo se transmite la información entre ellos.

La elección de una topología de red es de vital importancia, ya que tiene un impacto directo en la eficiencia, la escalabilidad y la confiabilidad de la red.

Las topologías más comunes y conocidas son las siguientes:

- **Topología en estrella:** en esta topología, todos los dispositivos están conectados a un punto central, como un *switch*. Los dispositivos no están directamente conectados entre sí, sino que se comunican a través del nodo central. Así, se facilita la identificación y solución de problemas, pero un fallo del nodo central puede afectar a toda la red.
- **Topología en bus:** en la topología en bus, todos los dispositivos comparten un solo canal de comunicación central, conocido como el "bus". Los datos se transmiten a lo largo del bus y cada dispositivo tiene una dirección única. Aunque es una topología fácil de implementar, la congestión y la colisión de datos pueden ser problemas en redes grandes.
- **Topología en anillo:** aquí, los dispositivos están conectados en un círculo cerrado. Cada dispositivo está conectado a exactamente dos dispositivos vecinos y la información se transmite en una dirección unidireccional o bidireccional a lo largo del anillo. El fallo de un dispositivo puede afectar toda la red, pero la implementación es sencilla.
- **Topología en malla:** en esta topología, cada dispositivo está conectado directamente a todos los demás dispositivos, lo que crea múltiples rutas para la transmisión de datos, mejora la redundancia y la confiabilidad de la red. Sin embargo, la instalación y el mantenimiento pueden ser complejos y costosos.
- **Topología híbrida:** esta topología combina dos o más topologías distintas. Por ejemplo, una red puede tener una topología en estrella en una ubicación y una topología en anillo en otra ubicación. De este modo, se

puede adaptar la red a las necesidades específicas de distintas áreas o departamentos.

La elección de una topología de red depende de varios factores, como el tamaño de la red, los recursos disponibles, la facilidad de mantenimiento y la tolerancia a fallas requerida. Cada topología tiene sus ventajas y desventajas, y la selección adecuada depende de los objetivos y las características específicas de la red.

SABÍAS QUE...

En entornos domésticos, la topología más común es la topología en estrella, debido a su simplicidad y a su facilidad de administración. Como se comentaba anteriormente, en estos casos, cada dispositivo se conecta directamente al *router* central, que es el encargado de organizar la transmisión de información entre los dispositivos.

Por otra parte, además de la topología de red, hay que decidir el **protocolo de red** en el que se va a basar la red doméstica. Un protocolo de red es un conjunto de reglas y convenciones que definen cómo los dispositivos en una red se comunican entre sí. Estos protocolos establecen estándares para la transmisión de datos, el formato de los mensajes, el enrutamiento de paquetes, el manejo de errores y otras funciones esenciales para el intercambio de información en una red de computadoras. Su implantación permite la interoperatibidad entre dispositivos y sistemas de una red global.

Aunque hay varios tipos de protocolos de red disponibles en el mercado, el protocolo dominante es el **TCP/IP** (Protocolo de Control de Transmisión/Protocolo de Internet), que se considera la columna vertebral de las redes modernas. De hecho, es el protocolo en el que se basan comúnmente las redes domésticas.

5.4. Configuración de la red en el encaminador o *router* y en el sistema operativo

Para configurar la red, lo primero que hay que hacer es la configuración de la red en el encaminador o *router*.

Para ello, hay que acceder a interfaz de configuración del *router* a través de una dirección IP específica y configurar varios aspectos, como, por ejemplo, los siguientes:

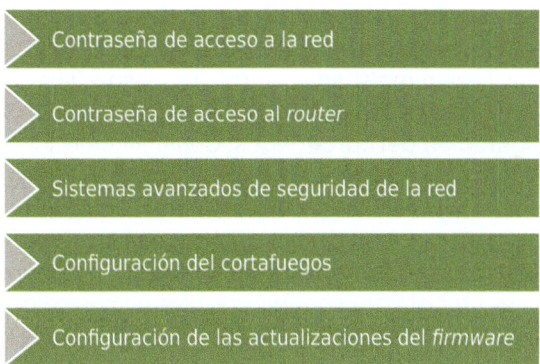

Contraseña de acceso a la red

Contraseña de acceso al *router*

Sistemas avanzados de seguridad de la red

Configuración del cortafuegos

Configuración de las actualizaciones del *firmware*

Una vez establecidas las preferencias a través de los distintos parámetros de configuración interna del *router,* hay que proceder a configurar la red en el sistema operativo.

Para ello, hay que acceder a los paneles de control específicos de la red en el sistema operativo, donde se pueden configurar distintas redes inalámbricas, configurar los distintos perfiles de red que se vayan a implantar en el domicilio y ajustar otros parámetros de configuración en cada una de las redes del mismo.

Hay que tener en cuenta que cada sistema operativo tiene un modo distinto de acceder al panel de control y de configurar sus redes y dispositivos, por lo que habría que acudir a cada uno de ellos para conocer sus peculiaridades.

No obstante, lo habitual es que el sistema operativo ofrezca un asistente de configuración de red para facilitar el proceso a aquellos usuarios menos experimentados.

5.5. Configuración de la seguridad

La configuración de la seguridad en una red doméstica es esencial para proteger los datos y garantizar la privacidad de los usuarios.

El primer paso para configurar la seguridad de la red es **configurar la seguridad del** *router.* Para ello hay que realizar, como mínimo, las siguientes tareas:

- **Filtrado de direcciones MAC:** el filtrado de direcciones MAC permite al *router* aceptar únicamente conexiones de dispositivos cuyas direcciones MAC estén registradas en una lista específica, lo que asegura que solo los dispositivos autorizados puedan conectarse a la red.
- **Configuración del cortafuegos:** Generalmente, los *routers* ya incluyen cortafuegos integrados que pueden configurarse para controlar el tráfico entrante y saliente y, además, establecer reglas específicas para permitir o bloquear ciertos tipos de tráfico mejora la seguridad.
- **Actualizaciones del *firmware*:** mantener el *firmware* del *router* actualizado es crucial para corregir posibles vulnerabilidades de seguridad. Las actualizaciones periódicas proporcionadas por el fabricante mejoran la resistencia de la red ante amenazas.
- **Cambio de las credenciales predeterminadas:** la práctica más básica y esencial de seguridad es cambiar el nombre de usuario y la contraseña predeterminados del *router* por unas credenciales más fuertes. Esto ayuda a prevenir el acceso no autorizado al panel de administración del *router.*

Una vez configurada la seguridad del *router,* hay que configurar los distintos parámetros de seguridad del sistema operativo.

Concretamente, habrá que realizar las siguientes tareas:

- **Utilización de contraseñas seguras:** hay que cambiar las contraseñas de acceso al sistema operativo y a las redes inalámbricas por unas contraseñas más fuertes y seguras. Se deben evitar contraseñas predecibles y se recomienda utilizar combinaciones de letras, números y caracteres especiales.
- **Configuración del cortafuegos del sistema operativo:** los sistemas operativos modernos incluyen cortafuegos integrados que pueden configurarse para bloquear el tráfico no deseado. Ajustar las configuraciones del cortafuegos ayuda a proteger el sistema contra ataques externos.
- **Actualizaciones de seguridad del sistema operativo:** es fundamental mantener actualizado el sistema operativo, ya que en cada actualización se suelen incluir aspectos de seguridad que corrigen vulnerabilidades y mejoran la estabilidad del sistema.
- **Gestión de perfiles de red:** en sistemas operativos que admiten perfiles de red, como *Microsoft Windows,* se debe asignar la red doméstica como un perfil privado para poder activar unas configuraciones de seguridad más estrictas en comparación con un perfil público.

Implementar estas prácticas de seguridad contribuye significativamente a proteger una red doméstica contra amenazas potenciales. Los accesos no autorizados y el robo de información y de credenciales para cometer delitos digitales están a la orden del día, por lo que resulta fundamental mantener y establecer todas las medidas de seguridad posibles, tanto en los dispositivos, como en el sistema operativo y en las redes en las que estos operan.

6. Identificación y uso crítico de las diferentes tecnologías más avanzadas

☞ HILO CONDUCTOR

En Digital Network, S. L. ya tienen completamente instalados todos los dispositivos que adquirieron recientemente y han conseguido configurar las redes locales e inalámbricas, de tal modo que desde cualquier dispositivo se pueda intercambiar información con el resto.

No obstante, ahora quieren ir más allá e implantar tecnologías más avanzadas e innovadoras, por lo que han decidido informarse sobre las distintas tecnologías ya existentes en el mercado y plantearse la implantación de alguna de ellas.

La rápida evolución tecnológica ha llevado a la proliferación de herramientas avanzadas que están transformando fundamentalmente el modo en el que interactuamos con el mundo digital, por lo que cada vez resulta más esencial tener una comprensión profunda y crítica de las tecnologías más avanzadas.

A continuación, se van a describir y comparar las tecnologías más avanzadas y punteras del mercado actual como la inteligencia artificial, *blockchain* o *big data,* así como otras tecnologías emergentes. Además, realizaremos una comparativa para analizar sus posibilidades, beneficios y riesgos en su utilización.

Las tecnologías más avanzadas han pasado de ser futuro a ser presente. Cada vez se maneja una mayor cantidad de información, lo que implica una necesidad de herramientas más avanzadas para poder gestionarla de forma segura, estable y eficiente.

6.1. Inteligencia artificial

La inteligencia artificial (cuyas siglas son IA) hace referencia a la capacidad de las máquinas para realizar tareas que normalmente requieren inteligencia humana.

Estas tareas pueden consistir, por ejemplo, en las siguientes:

El objetivo de la inteligencia artificial es desarrollar sistemas capaces de realizar tareas de manera autónoma, **imitando la inteligencia humana** o, incluso superándola en ciertos aspectos.

La inteligencia artificial se divide en dos categorías:

Inteligencia artificial estrecha o débil
Hace referencia a aquellos sistemas diseñados y entrenados para realizar tareas específicas sin poseer una comprensión general o conciencia. Estos sistemas son especializados y eficientes en contextos particulares. Este tipo de inteligencia artificial está en los asistentes virtuales, los sistemas de reconocimiento facial y en los motores de recomendación.

Inteligencia artificial general o fuerte
Este tipo de inteligencia artificial implica la creación de sistemas con la capacidad de comprender, aprender y ejecutar cualquier tarea cognitiva que un ser humano pueda realizar. Se puede deducir que esta inteligencia artificial aspira a convertirse en una inteligencia similar o superior a la humana en todas las áreas. No obstante, aunque este es el objetivo final, la inteligencia artificial general aún no se ha logrado plenamente y es objeto de investigación futura.

6.2. Blockchain

Blockchain es una estructura de datos descentralizada y distribuida consistente en bloques de información encadenados de manera secuencial, donde cada bloque contiene un conjunto de transacciones o datos y un identificador único llamado *hash,* además del *hash* del bloque anterior.

Esta tecnología se caracteriza por los siguientes aspectos:

- **Descentralización:** a diferencia de los sistemas tradicionales centralizados, donde la información se almacena en un solo lugar, el *blockchain* se distribuye entre una red de nodos. Cada nodo tiene una copia completa de la cadena de bloques.
- **Inmutabilidad:** una vez que se agrega un bloque a la cadena, es extremadamente difícil, o prácticamente imposible, alterar la información en bloques anteriores, debido a la criptografía y a la redundancia en la red.
- **Transparencia:** todos los participantes de la red tienen acceso a la cadena de bloques y pueden verificar las transacciones, lo que supone una mejora de la transparencia y la confianza en comparación con los sistemas centralizados.
- **Contratos inteligentes:** además de almacenar datos, algunas cadenas de bloques permiten la ejecución de contratos inteligentes, como, por ejemplo, los programas informáticos autónomos que ejecutan automáticamente los términos de un contrato cuando se cumplen ciertas condiciones.

La tecnología *blockchain* asegura la integridad y la inmutabilidad de los datos almacenados en la cadena y destaca por ser utilizada en las siguientes aplicaciones:

- **Criptomonedas:** el *blockchain* es la tecnología subyacente de criptomonedas como *bitcoin* y *ethereum,* permitiendo transacciones seguras y descentralizadas sin necesidad de intermediarios.
- **Cadena de suministro:** facilita el seguimiento de productos desde su origen hasta el consumidor final, mejorando la transparencia y la autenticidad de los productos.
- **Contratos y transacciones financieras:** en el ámbito financiero, el *blockchain* agiliza y asegura la realización de transacciones, especialmente en el ámbito internacional. Además, los contratos inteligentes pueden automatizar procesos contractuales.
- **Salud:** permite el intercambio seguro y eficiente de datos médicos entre diferentes entidades, garantizando la privacidad y la integridad de la información.
- **Voto electrónico:** puede utilizarse para crear sistemas de voto seguros y transparentes, reduciendo el riesgo de fraudes electorales.

En resumen, viendo las aplicaciones del *blockchain,* se puede deducir que esta tecnología representa una forma innovadora de almacenar y transferir datos de manera segura y transparente, convirtiéndose en una alternativa descentralizada y confiable a los sistemas tradicionales.

APLICACIÓN PRÁCTICA

Marcos está entrando en el mundo de las nuevas tecnologías digitales, concretamente en el *blockchain*. Indícale cuál de las aplicaciones estudiadas pueden utilizarse con este tipo de tecnología.

Solución

Como ya se ha comentado en el epígrafe, el *blockchain* es la tecnología subyacente de criptomonedas como bitcoin y *ethereum,* permitiendo transacciones seguras y descentralizadas sin necesidad de intermediarios. El resto de dispositivos descritos en el enunciado funcionan con inteligencia artificial débil.

6.3. Big data

Los *big data* hacen referencia a conjuntos de datos extremadamente grandes y complejos que no se pueden gestionar, procesar o analizar fácilmente con las herramientas de procesamiento de datos tradicionales.

El concepto de *big data* se centra en la capacidad de extraer valor significativo de estos grandes conjuntos de datos para obtener una visión general, tomar decisiones informadas y descubrir patrones o tendencias.

Los *big data* se suelen caracterizar por su volumen masivo, velocidad en la generación y actualización de datos, y la variedad de tipos de datos que contienen. De hecho, estas características fundamentales suelen describirse comúnmente utilizando el modelo conocido como las 3V:

- ➲ **Volumen:** hace referencia a la cantidad masiva de datos generados y almacenados. Puede incluir datos provenientes de fuentes de lo más diversas, como, por ejemplo, redes sociales, transacciones comerciales, sensores, registros de servidores, entre otras.
- ➲ **Velocidad:** se refiere a la velocidad a la que se generan, procesan y almacenan los datos. Algunas aplicaciones de *big data* requieren realizar un análisis en tiempo real de los datos para poder tomar decisiones instantáneas basadas en información recién generada.
- ➲ **Variedad:** hace referencia la diversidad de tipos de datos presentes en los conjuntos de estos. Se puede distinguir entre:

  - ᴑ Datos estructurados: bases de datos tradicionales.
  - ᴑ Datos no estructurados: textos, imágenes, vídeos.
  - ᴑ Datos semiestructurados: datos con formatos que no se ajustan a una tabla de base de datos relacional.

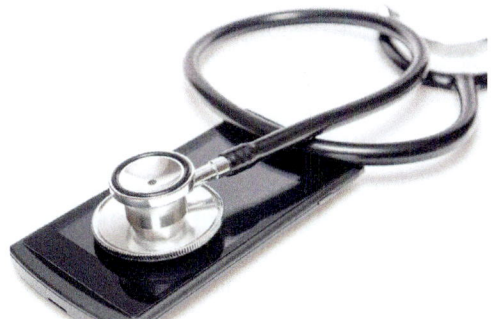

Las aplicaciones prácticas del big data son diversas e incluyen análisis de mercado, personalización de servicios, optimización de procesos empresariales, medicina personalizada, investigación científica, entre otros.

6.4. Otras tecnologías

Aunque la inteligencia artificial, el *blockchain* y el *big data* son las tecnologías innovadoras más destacadas, conviene describir otras tecnologías emergentes igualmente reseñables que están generando un impacto significativo en campos de lo más diversos.

Las otras tecnologías emergentes destacables se mencionan a continuación:

- **Realidad aumentada (RA):** combina elementos del mundo real con información digital generada por ordenador, mejorando la percepción del usuario. A través de dispositivos, como gafas inteligentes o aplicaciones móviles, la realidad aumentada superpone datos, imágenes o animaciones en el entorno físico. Su aplicación abarca desde juegos y entretenimiento hasta aplicaciones más serias, como la asistencia en tareas de mantenimiento industrial o la educación interactiva.
- **Computación cuántica:** utiliza principios de la mecánica cuántica para procesar información de manera radicalmente diferente a las computadoras clásicas. Aunque aún se encuentra en sus primeras etapas de desarrollo, la computación cuántica tiene el potencial de abordar problemas computacionales difíciles, como la simulación de moléculas para avances en medicina y materiales.
- **Nanotecnología:** implica la manipulación de materiales a una escala nanométrica, lo que permite la creación de estructuras y dispositivos a nivel molecular. En medicina, por ejemplo, la nanotecnología puede utilizarse para suministrar medicamentos de manera más precisa. En los procesos de fabricación, puede mejorar la eficiencia de los procesos y la calidad de los materiales.
- **Internet de las Cosas (IoT):** hace referencia a la interconexión de dispositivos físicos a través de internet, permitiendo la recopilación y el intercambio de datos. Desde electrodomésticos y vehículos hasta sensores industriales, la IoT transforma objetos cotidianos en nodos de una red inteligente, lo que posibilita la monitorización remota, la automatización y la mejora de la eficiencia en diversos entornos, desde el hogar hasta la industria.

6.5. Posibilidades y riesgos de estas tecnologías

Una vez descritas las tecnologías más avanzadas y definidas sus características, es necesario realizar una comparativa de las posibilidades que cada una de ellas ofrecen y los riesgos que puede suponer su utilización e implantación.

Para una mejor comprensión de esta comparativa, las posibilidades y los riesgos de la inteligencia artificial, el *blockchain* y el *big data* se describen en la siguiente tabla:

	Posibilidades	Riesgos
Inteligencia artificial	- Permite la automatización de tareas repetitivas y complejas. - Toma de decisiones autónoma basada en datos. - Personalización de experiencias y servicios. - Procesamiento de lenguaje natural y reconocimiento de imágenes.	- Sesgo algorítmico y discriminación. - Pérdida de empleos, debido a la automatización. - Falta de comprensión en las decisiones automáticas. - Dependencia excesiva en sistemas autónomos.
Blockchain	- Transacciones seguras y transparentes. - Descentralización y confianza en las transacciones. - Contratos inteligentes para la automatización de procesos. - Registro inmutable y a prueba de manipulaciones.	- Desafíos regulatorios y de adopción. - Consumo energético, especialmente en ciertas implementaciones. - Posible resistencia a cambios en modelos comerciales. - Complejidad en la gobernanza y regulación.
Big data	- Análisis avanzado para revelar patrones y tendencias. - Mejora de la toma de decisiones en tiempo real. - Optimización de procesos y eficiencia empresarial. - Descubrimiento de información valiosa en grandes volúmenes de datos.	- Preocupaciones de privacidad y seguridad de los datos. - Necesidad de proteger la integridad de los datos. - Desafíos en la gestión de volúmenes masivos de datos. - Requiere inversiones significativas en infraestructura.

7. Resumen

El avance de la tecnología digital ha supuesto unas nuevas formas de trabajar con los dispositivos electrónicos y la necesidad de implementar una red para garantizar la transmisión de datos entre ellos de forma óptima.

Los aspectos más importantes que se deben tener en cuenta para actualizar los dispositivos y adaptarlos a la tecnología digital son los siguientes:

1 Configurar los dispositivos que se van a utilizar y personalizar los ajustes avanzados.

2 Instalar el sistema operativo más adecuado a las necesidades de los usuarios.

3 Decidir e implantar uno o varios sistemas de red para establecer la conectividad entre los dispositivos.

4 Configurar la red y los dispositivos para que se conecten correctamente a la red.

5 Implantar tecnologías digitales más avanzadas como *blockchain*, *big data* o inteligencia artificial.

Ejercicios de autoevaluación
Unidad de Aprendizaje 1

1. El dispositivo electrónico programable cuyas funciones principales son procesar información, realizar cálculos y ejecutar tareas conformes a una serie de instrucciones establecidas mediante programas informáticos se denomina...

    a. ... periférico.
    b. ... impresora.
    c. ... escáner.
    d. ... ordenador.

2. El _____ está formado por los componentes físicos de los que está hecho el ordenador.

    a. *software*
    b. escáner
    c. *hardware*
    d. *blockchain*

3. Indica cuál de las siguientes tareas no forma parte de la configuración avanzada de un ordenador:

    a. Personalización del escáner
    b. Personalización del sistema operativo
    c. Ajustes de rendimiento
    d. Seguridad avanzada

4. Señala cuál de los siguientes no es un periférico de salida:

    a. Altavoces
    b. Micrófono
    c. Auriculares
    d. Monitor

5. El término inglés *smartphone* hace referencia al:

    a. Televisión
    b. Escáner

c. Teclado
d. Teléfono inteligente

6. Determina si la siguiente oración es verdadera o falsa:

"La característica más diferenciadora de los asistentes de voz radica en la capacidad de interactuar que tenemos con ellos mediante la utilización de un lenguaje natural, a la vez que continúan aprendiendo a media que se interactúa con ellos":

■ Verdadero
■ Falso

7. El asistente digital de Amazon se denomina:

a. *Siri*
b. *Google Assistant*
c. *Alexa*
d. Amazon no tiene asistente digital.

8. Indica cuál de los siguientes dispositivos no es un *wearable:*

a. Reloj inteligente
b. Ratón
c. Pulsera de actividad
d. Plantillas deportivas

9. Determina si la siguiente oración es verdadera o falsa:

"La instalación del sistema operativo es el proceso que marca el inicio de la vida operativa de cualquier dispositivo electrónico".

■ Verdadero
■ Falso

10. Ordena adecuadamente los pasos a seguir para instalar un sistema operativo desde cero:

• Introducción de la clave de producto, si procede.
• Particionamiento del disco.

- Arranque del ordenador desde el medio de instalación.
- Proceso de instalación.

Aplicación de soluciones digitales

Contenido

1. Introducción
2. Aplicación creativa de las tecnologías digitales para satisfacer necesidades personales y profesionales
3. Utilización de las tecnologías avanzadas para hacer gestiones y trámites administrativos
4. Aplicación e impulso de las nuevas formas de aprendizaje en entornos digitales
5. Resumen

Objetivos

El objetivo general de esta Unidad de Aprendizaje es:

→ Aplicar soluciones y aplicaciones digitales de forma creativa e innovadora para promover el uso de las tecnologías avanzadas en la resolución de las necesidades personales y profesionales, explorando nuevas funcionalidades y aplicación de estas.

Los objetivos específicos de esta Unidad de Aprendizaje son:

→ Conocer las nuevas funcionalidades de las herramientas digitales.

→ Aplicar las herramientas digitales para satisfacer necesidades personales y profesionales.

→ Utilizar herramientas de gestión del tiempo para mejorar la productividad.

→ Realizar trámites administrativos con aplicaciones digitales.

→ Identificar cuáles son los recursos digitales más utilizados para buscar trabajo.

1. Introducción

La creciente globalización ha propiciado un avance sin precedentes en la aplicación de soluciones digitales, transformando la manera en que las empresas operan y se relacionan a nivel mundial.

En este contexto, las tecnologías digitales han desencadenado un cambio drástico en la forma en que las organizaciones gestionan sus procesos y se relacionan con sus clientes y socios. Por ello, la aplicación de soluciones digitales se puede considerar un elemento clave para la adaptación y el progreso en un entorno empresarial cada vez más competitivo.

Este fenómeno se puede observar en empresas como Online Prices, S. L., una entidad que ha decidido digitalizar sus procesos y ha establecido este hito como su estrategia fundamental. La empresa ha adquirido equipos de oficina modernos, y está tratando de transformar sus procesos administrativos, contables y comerciales, buscando no solo aumentar su productividad y eficiencia, sino también avanzar hacia nuevas fronteras comerciales.

Para ello, resultará imprescindible comprender a fondo las distintas soluciones digitales disponibles en el mercado y su capacidad para potenciar el crecimiento y la innovación en su entorno empresarial.

2. Aplicación creativa de las tecnologías digitales para satisfacer necesidades personales y profesionales

 HILO CONDUCTOR

En Online Prices, S. L. ya han adquirido todos los equipos informáticos necesarios para digitalizar la empresa y están utilizándolos de forma rutinaria y habitual. Los gerentes quieren analizar los equipos y las herramientas digitales que tienen disponibles para dar solución a sus necesidades, tanto personales como profesionales, y van a tratar de aprender a utilizarlas para ello.

Actualmente, las tecnologías digitales han pasado de ser simples herramientas funcionales para convertirse en aliados multifuncionales capaces de transformar diversos aspectos de nuestras vidas.

Este cambio tan profundo se traduce en la creación e implantación de nuevas funcionalidades y usos innovadores tanto en elementos físicos, como por ejemplo maquinaria, como en las herramientas y aplicaciones digitales que impactan positivamente en el ámbito personal y en el profesional.

Por todo ello, la aplicación creativa de las tecnologías digitales no solo mejora nuestras vidas, sino que también redefine la forma en que abordamos desafíos personales y profesionales, permitiendo un desarrollo más eficiente, conectado y adaptado a las demandas cambiantes de la sociedad actual.

A continuación, se van a tratar con más profundidad los siguientes aspectos en los que las tecnologías digitales ya tienen una vital importancia:

- **Nuevas funcionalidades, nuevos usos de maquinaria y herramientas digitales:** para mejorar la eficiencia y la precisión en tareas cotidianas.
- **Actividades de ocio y deporte:** como, por ejemplo, experiencias de realidad virtual o aplicaciones de entrenamiento personalizado.
- **Salud y protección:** con la utilización de *wearables* o aplicaciones de seguimiento de salud y telemedicina, entre otros.
- **Relaciones personales y comunicación:** con plataformas de comunicación instantánea y redes sociales.
- **Formación:** a través de plataformas *e-learning* y promoción de la educación a distancia.
- **Búsqueda de trabajo:** a través de plataformas digitales de búsqueda de empleo.
- **Productividad:** mediante la utilización de herramientas de gestión de proyectos, aplicaciones de planificación o de colaboración, entre otras.
- **Gestión del tiempo:** con la utilización de aplicaciones de gestión del tiempo y recordatorios digitales.

2.1. Nuevas funcionalidades, nuevos usos de maquinaria y herramientas digitales

Ante esta nueva era digital, la maquinaria y las herramientas digitales han desarrollado nuevas utilidades, llegándose a convertir en facilitadores con gran versatilidad que son capaces de realizar funcionalidades que eran inimaginables pocos años atrás y que han revolucionado los procesos más tradicionales.

En esta casuística es donde las nuevas funcionalidades son grandes impulsoras de la creatividad de sus usuarios, ya que la aplicación de estas tecnologías permite desarrollar un aprendizaje digital constante, así como el desarrollo de nuevas ideas y utilidades con la finalidad de maximizar la eficiencia y la eficacia en distintas áreas y aspectos.

Las competencias digitales son cada vez más buscadas en los procesos de reclutamiento de personal, llegando a convertirse incluso en un requisito básico e imprescindible.

Así, el impulso y la expansión de las herramientas digitales ha permitido desarrollar nuevas funcionalidades y nuevos usos en maquinaria como por ejemplo, los siguientes:

- **Edición colaborativa de documentos:** las plataformas de edición en tiempo real permiten a los equipos desarrollar su trabajo de manera simultánea en documentos compartidos, incrementando así la interacción, el impulso de la creatividad y la productividad.
- **Diseño asistido por computadora (CAD):** en sectores como la arquitectura, la ingeniería y el diseño, las herramientas CAD ofrecen nuevas funcionalidades que permiten incrementar la creatividad y la precisión de su trabajo. Esta tecnología permite modelar y visualizar las ideas de forma tridimensional, agilizando así los procesos de diseño y prototipado.
- **Impresión 3D y fabricación digital:** la impresión 3D redefine la fabricación al permitir la creación de objetos tridimensionales a partir de modelos digitales. Desde prototipos hasta productos finales, esta tecnología abre nuevas posibilidades en la producción personalizada y ágil.
- **Realidad aumentada (RA) y realidad virtual (RV):** la integración de RA y RV ofrece experiencias inmersivas y aplicaciones creativas. Desde la visualización de productos en entornos virtuales hasta la simulación de escenarios de trabajo, estas tecnologías van más allá en el modo en el que interactuamos con la información y el entorno.

- ⮎ **Automatización inteligente:** la inteligencia artificial y la automatización transforman la forma en que operan las maquinarias y herramientas. Desde la optimización de procesos industriales hasta la automatización de tareas administrativas, estas tecnologías aumentan la eficiencia y liberan tiempo para actividades más estratégicas.
- ⮎ **Analítica de datos integrada:** las herramientas analíticas integradas permiten recopilar y analizar datos en tiempo real, lo que no solo facilita la toma de decisiones informadas, sino que también abre oportunidades para la innovación y la mejora continua en diferentes sectores.

En conclusión, con la aplicación creativa de las herramientas y tecnologías digitales se redefinen claramente los límites de la eficiencia y de la eficacia, llegando así a puntos impensables e imposibles hace pocos años.

Eso sí, hay que tener en cuenta que es imprescindible que los usuarios de estas tecnologías dispongan de habilidades digitales suficientes para aprovechar estas nuevas funcionalidades de forma óptima, para así lograr impulsar la innovación en la resolución de problemas, la creación de productos y la optimización de los procesos, entre otros aspectos.

La realidad virtual se utiliza en sectores tan diversos como la prevención de riesgos laborales, la ingeniería, la educación o, incluso, el sector inmobiliario, entre otros.

2.2. Actividades de ocio y deporte

Respecto al ocio y al deporte, hay que reconocer que las tecnologías digitales también han irrumpido de manera notable en estos mercados al proporcionar experiencias innovadoras a los usuarios.

La utilización de estas herramientas no ha ampliado solamente las posibilidades de entretenimiento, sino que también ha transformado el modo en el que los usuarios profundizan en la experiencia al realizar actividades físicas y recreativas, promoviendo, además, un estilo de vida activo y saludable.

La utilización de las nuevas tecnologías en las actividades recreativas demuestra la gran multitud de herramientas digitales que pueden mejorar la calidad de vida de los usuarios y contribuir a su bienestar físico y mental.

Las herramientas digitales más utilizadas en el sector recreativo y en el sector del deporte se pueden ver resumidas en la siguiente figura:

- **Realidad virtual en entretenimiento:** la realidad virtual (RV) ha llevado el entretenimiento a un nivel completamente nuevo. Desde juegos inmersivos hasta experiencias virtuales en conciertos o museos, la RV permite a las personas sumergirse en mundos alternativos sin salir de sus hogares.
- **Aplicaciones de entrenamiento personalizado:** la disponibilidad de aplicaciones de entrenamiento personalizado ha democratizado el acceso a rutinas de ejercicios adaptadas a las necesidades individuales. Desde sesiones de yoga hasta entrenamientos de alta intensidad, estas aplicaciones fomentan la actividad física desde cualquier lugar.
- ***Wearables* y seguimiento de actividad:** relojes inteligentes y otros dispositivos *wearables* monitorizan la actividad física, la calidad del sueño y otros aspectos de la salud. Esto no solo motiva a las personas a mantenerse activas, sino que también proporciona datos valiosos para mejorar el rendimiento y la salud general.
- **Gamificación en el deporte:** la gamificación ha encontrado su camino en el mundo del deporte, convirtiendo actividades físicas en experiencias lúdicas. Aplicaciones que transforman el ejercicio en desafíos competitivos o aventuras virtuales motivan a los usuarios a superar metas personales mientras se divierten.

- **Plataformas de transmisión en vivo:** las plataformas de transmisión en vivo permiten a los aficionados participar en eventos deportivos, conciertos y transmisiones en tiempo real. Esta interactividad crea comunidades virtuales en torno a intereses compartidos, conectando a personas de todo el mundo.
- **Simuladores deportivos virtuales:** la tecnología ha llevado los simuladores deportivos a un nivel realista, permitiendo a los entusiastas experimentar virtualmente deportes como el golf, el ciclismo o el esquí. Estos simuladores ofrecen una opción emocionante y segura para experimentar actividades físicas específicas.

 PARA SABER MÁS

La gamificación cada vez la utilizan más docentes para motivar al alumnado y fomentar el aprendizaje de la materia interesada. Puedes ver distintas propuestas sobre cómo utilizar la gamificación en el ámbito de la educación física accediendo desde aquí:

https://redirectoronline.com/fcoi230201

2.3. Salud y protección

La convergencia de la tecnología digital y la atención médica ha supuesto un cambio y un avance importantes en el cuidado de la salud y la seguridad personal. La utilización de estas herramientas digitales ha llevado a avances notables, proporcionando aplicaciones que no solo diagnostican y tratan, sino que también previenen y mejoran la calidad de vida de los usuarios.

Así, la utilización de las tecnologías digitales en el ámbito de la salud y la protección refleja una tendencia de las personas hacia una atención más personalizada, accesible y preventiva.

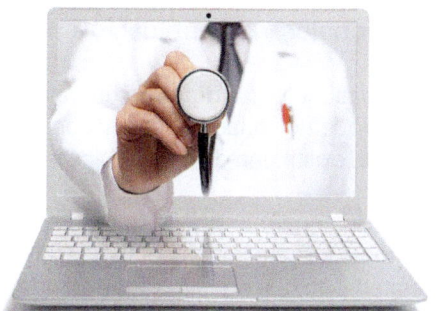

Estas herramientas no solo mejoran la eficiencia del sistema de salud en general, sino que también dotan a las personas de la capacidad suficiente para tomar un papel más activo en la gestión de su bienestar y su propia seguridad.

Las herramientas digitales más utilizadas en el ámbito de salud y protección se pueden visualizar en el siguiente gráfico:

- ⮊ ***Wearables* para la salud:** los *wearables,* como relojes inteligentes y pulseras de actividad, no solo registran la actividad física, sino que también monitorean constantes vitales. Estos dispositivos ofrecen a las personas la posibilidad de estar al tanto de su bienestar general y actuar proactivamente ante posibles problemas de salud.
- ⮊ **Aplicaciones de monitorización y seguimiento de salud:** aplicaciones especializadas permiten la monitorización y el seguimiento de condiciones médicas específicas. Desde la gestión de la diabetes hasta el control de la presión arterial, estas aplicaciones ofrecen herramientas personalizadas para mejorar la autogestión de la salud.
- ⮊ **Telemedicina y consultas virtuales:** la telemedicina ha ganado relevancia al permitir consultas médicas virtuales. Esta modalidad no solo facilita el acceso a la atención médica, especialmente en áreas remotas, sino que también minimiza el riesgo de contagios al evitar desplazamientos innecesarios.
- ⮊ **Tecnologías de diagnóstico avanzado:** avances en imágenes médicas, análisis de datos y algoritmos de inteligencia artificial han mejorado significativamente las capacidades de diagnóstico. La tecnología facilita la identificación temprana de enfermedades y la personalización de tratamientos para optimizar resultados.
- ⮊ **Seguridad y vigilancia inteligente:** sistemas de seguridad inteligentes incorporan tecnologías como cámaras de reconocimiento facial y sensores de movimiento para proteger hogares y lugares de trabajo. Estos sistemas no solo disuaden amenazas, sino que también proporcionan alertas y registros en tiempo real.

2.4. Relaciones personales y comunicación

La irrupción de las tecnologías digitales ha transformado también radicalmente la forma en que nos relacionamos y comunicamos, acercando a las personas a pesar de existir una distancia física importante entre ellas.

De hecho, se puede confirmar que la utilización de las herramientas digitales en el ámbito de las relaciones personales y la comunicación ha redefinido la manera en que nos conectamos con amigos, familiares o compañeros de trabajo, entre otros, convirtiendo el mundo digital en un espacio donde las relaciones pueden tanto crearse como evolucionar, gracias a la amplitud de posibilidades de conexión existentes en la actualidad.

Es crucial equilibrar la conectividad digital con la calidad de las interacciones cara a cara, no cayendo en el riesgo de terminar reemplazando las relaciones humanas con la interacción digital.

Las herramientas digitales más utilizadas en el ámbito de las relaciones personales y la comunicación se describen a continuación:

- **Plataformas de redes sociales:** las redes sociales han creado un entorno digital donde las personas pueden compartir experiencias, fotos y mantenerse informadas sobre la vida de sus seres queridos. Además, estas plataformas son espacios para la construcción de comunidades, conectando a individuos con intereses comunes.
- **Mensajería instantánea y llamadas de voz/vídeo:** aplicaciones de mensajería instantánea y servicios de llamadas de voz y vídeo han eliminado las barreras temporales y geográficas en la comunicación. La posibilidad de comunicarse en tiempo real, independientemente de la ubicación, fortalece los lazos personales y profesionales.
- **Colaboración en línea:** las herramientas de colaboración en línea permiten trabajar de forma conjunta en proyectos, compartir documentos y

realizar reuniones virtuales. Esta conectividad mejora la comunicación en equipos dispersos geográficamente, facilitando la colaboración efectiva.

- **Realidad aumentada en comunicación:** la realidad aumentada (RA) ha introducido nuevas formas de comunicación visual e interactiva. Desde filtros de realidad aumentada en videollamadas hasta aplicaciones que permiten compartir experiencias virtuales, estas tecnologías agregan capas de creatividad a la interacción digital.

- **Blogs y *blogs*:** la creación de blogs y *vlogs* ofrece una plataforma para expresar ideas, compartir experiencias y conectar con audiencias globales. Estos medios digitales han democratizado la creación de contenido, permitiendo a personas comunes compartir sus perspectivas y pasiones.

- **Inteligencia artificial en asistentes virtuales:** la inteligencia artificial ha introducido asistentes virtuales que facilitan la comunicación y la organización personal. Desde enviar mensajes de texto por comandos de voz hasta recordatorios automáticos, estos asistentes optimizan la eficiencia en la gestión de la información y las tareas diarias.

 PARA SABER MÁS

Puedes conocer distintos asistentes virtuales que funcionan con inteligencia artificial accediendo desde aquí:

https://redirectoronline.com/fcoi230202

 ACTIVIDAD COMPLEMENTARIA

4. Piensa en las herramientas digitales más utilizadas en las relaciones personales. A continuación, pon un ejemplo de plataforma de red social y reflexiona sobre el uso que le darías, así como en la frecuencia que la utilizarías.

2.5. Formación

La revolución digital ha transformado radicalmente la forma en que accedemos y participamos en procesos educativos. La aplicación creativa de las tecnologías digitales en el ámbito de la formación ha ampliado el acceso a la educación, permitiendo una personalización y flexibilidad que se adapta a las necesidades individuales.

Así, la utilización de estas herramientas en el ámbito educativo no solo moderniza la enseñanza, sino que también empodera a los estudiantes y profesionales para asumir un rol más activo en su desarrollo académico y profesional.

Estas herramientas no solo facilitan la adquisición de conocimientos, sino que también cultivan habilidades críticas necesarias para enfrentar los desafíos del mundo actual.

Las herramientas digitales más utilizadas en el ámbito de la educación son las siguientes:

- ⮑ **Educación a distancia y aprendizaje en línea:** la educación a distancia y el aprendizaje en línea han roto las barreras geográficas y temporales. Plataformas educativas, cursos en línea y programas de formación virtual ofrecen oportunidades de aprendizaje accesibles desde cualquier lugar del mundo, permitiendo a las personas adquirir nuevas habilidades y conocimientos a su propio ritmo.
- ⮑ **Plataformas colaborativas:** las herramientas colaborativas en línea facilitan la interacción y el trabajo conjunto entre estudiantes y profesores. La creación compartida de documentos, debates en línea y proyectos colaborativos fomentan el desarrollo de habilidades sociales y cognitivas.
- ⮑ **Gamificación educativa:** la gamificación ha encontrado un espacio en la educación, convirtiendo el aprendizaje en una experiencia lúdica. Plataformas educativas que incorporan elementos de juego motivan a los

estudiantes, mejoran la participación y refuerzan el proceso de aprendizaje de manera divertida.

⮩ **Adaptabilidad y personalización del aprendizaje:** los algoritmos de aprendizaje automático permiten la personalización de los contenidos educativos. Estas tecnologías adaptan los materiales de estudio según el ritmo y estilo de aprendizaje de cada estudiante, brindando una experiencia educativa más efectiva y centrada en el alumno.

⮩ **Acceso a recursos educativos en tiempo real:** la conectividad digital proporciona acceso instantáneo a recursos educativos en tiempo real. Con bibliotecas digitales, conferencias en línea y tutoriales interactivos, los estudiantes pueden acceder a información actualizada y diversa para complementar su aprendizaje.

 PARA SABER MÁS

Una de las plataformas colaborativas más utilizadas en centros de formación es *Kahoot!*, en la cual tanto el docente como los alumnos se conectan. El docente lanza una pregunta con varias opciones de respuesta y los alumnos deben responder con la mayor rapidez posible.

Si quieres conocer con más profundidad las aplicaciones y funciones de esta plataforma, puedes acceder a su sitio web oficial desde aquí:

https://redirectoronline.com/fcoi230203

2.6. Búsqueda de trabajo

La búsqueda de empleo ha experimentado una transformación importante gracias a la utilización creativa de las tecnologías digitales. Estas herramientas no solo simplifican el proceso de encontrar oportunidades laborales, sino que también permiten a los profesionales destacar sus habilidades de manera más efectiva y conectarse con empleadores potenciales.

La utilización de las tecnologías digitales en la búsqueda de trabajo no solo mejora la eficiencia en la conexión entre empleadores y candidatos, sino que también brinda herramientas a los profesionales para destacar y demostrar su valía de manera más efectiva.

Eso sí, es importante tener en cuenta que, a medida que estas plataformas evolucionan, es crucial que los buscadores de empleo mantengan una presencia digital sólida y actualizada para maximizar sus oportunidades en el competitivo mercado laboral actual.

Aunque las entrevistas presenciales siguen siendo las más habituales, cada vez es más común realizar entrevistas de trabajo en línea.

Las herramientas digitales más utilizadas en la búsqueda de trabajo son las siguientes:

- **Plataformas de búsqueda de empleo en línea:** plataformas especializadas en búsqueda de empleo, como *LinkedIn, Indeed* y *Glassdoor,* han revolucionado la manera en que los profesionales acceden a oportunidades laborales. Estas plataformas permiten a los candidatos crear perfiles detallados, establecer conexiones profesionales y recibir recomendaciones personalizadas de trabajo.
- **Redes profesionales en línea:** ofrecen un espacio para construir y mantener conexiones laborales. La participación activa en plataformas como *LinkedIn* no solo permite a los profesionales mantenerse actualizados sobre las tendencias del mercado laboral, sino que también facilita la creación de una marca personal sólida.
- **Herramientas de autopromoción:** la autopromoción se ha vuelto más accesible gracias a las herramientas digitales. Los profesionales pueden utilizar plataformas como *Behance* para mostrar sus portafolios creativos, o *GitHub* para destacar sus contribuciones en proyectos de código abierto, agregando valor a sus perfiles laborales.

- ⮞ **Entrevistas virtuales:** como hemos comentado anteriormente, la globalización y la movilidad laboral han popularizado las entrevistas virtuales. Las plataformas especializadas permiten a los empleadores evaluar a los candidatos a través de entrevistas en línea, agilizando el proceso de selección y facilitando la participación de profesionales de diferentes ubicaciones geográficas.
- ⮞ **Portales de *freelance* y *gig economy*:** la *gig economy* (en la cual una persona realiza una tarea específica y cobra por la tarea realizada de forma independiente) ha florecido con plataformas en línea que conectan a profesionales independientes con proyectos temporales. Estos portales, como *Upwork* y *Fiverr,* amplían las oportunidades para aquellos que buscan trabajar de manera independiente.

TAREA 4

Lola es administrativa en una empresa de distribución, quiere avanzar profesionalmente y está pensando en buscar un trabajo que cumpla mejor con sus objetivos profesionales.

Ayuda a Lola a utilizar las nuevas tecnologías para buscar trabajo e indícale a qué herramientas digitales puede acudir para ello.

2.7. Productividad

La productividad en los entornos tanto personales como profesionales se ha visto singularmente incrementada gracias a las nuevas aplicaciones de las tecnologías digitales. Estas herramientas no solo optimizan la gestión de tareas, sino que también fomentan la colaboración eficiente, permitiendo a individuos y equipos alcanzar niveles más altos de eficacia.

La utilización de herramientas basadas en tecnologías digitales para mejorar la productividad personal y profesional ha permitido a las personas y a los equipos optimizar su rendimiento. Así, utilizando una combinación de herramientas de gestión, colaboración y automatización se ha logrado un trabajo más eficiente, flexible y adaptado a las demandas cambiantes del mercado laboral actual.

Las herramientas digitales han supuesto un incremento de la productividad de los equipos de trabajo, ya que con las herramientas digitales ya no es necesario que todos los miembros estén físicamente en un mismo lugar.

Las herramientas digitales más utilizadas para la mejora de la productividad son las siguientes:

- **Herramientas de gestión de proyectos:** plataformas, como *Trello, Asana* y *Jira* han redefinido la forma en que se llevan a cabo los proyectos. Estas ofrecen interfaces visuales, seguimiento de tareas y colaboración en tiempo real, con la finalidad de simplificar la planificación y ejecución de proyectos de manera colaborativa.
- **Aplicaciones de planificación y organización:** las aplicaciones como *Todoist, Microsoft To Do* y *Google Keep* permiten a los usuarios organizar tareas, establecer recordatorios y gestionar listas de manera eficiente. Estas herramientas facilitan la priorización y la gestión del tiempo, mejorando la productividad personal.
- **Colaboración en la nube:** los servicios de almacenamiento en la nube, como *Google Drive* y *Dropbox,* han modificado considerablemente la forma en que las personas comparten y colaboran en documentos. La edición simultánea, el acceso desde cualquier lugar y la sincronización automática de los documentos son factores que contribuyen notablemente a la mejora de la eficiencia y la accesibilidad.
- **Automatización de tareas repetitivas:** la automatización de procesos mediante herramientas como *Zapier* o *IFTTT* permite a los usuarios vincular diferentes aplicaciones y automatizar tareas repetitivas. Esto no solo ahorra tiempo, sino que también reduce errores humanos y mejora la consistencia en la ejecución de procesos.
- **Herramientas de videoconferencias y comunicación:** las plataformas de videoconferencia como *Zoom* y *Microsoft Teams* han ganado importancia, especialmente en entornos de trabajo remoto. Estas facilitan la comunicación efectiva, la colaboración en tiempo real y la organización de reuniones virtuales, promoviendo una conexión continua entre equipos distribuidos.

- **Inteligencia artificial:** los asistentes virtuales alimentados por inteligencia artificial, como *Siri* o *Google Assistant,* simplifican tareas cotidianas mediante comandos de voz. Desde establecer recordatorios hasta proporcionar información instantánea, estas herramientas mejoran la eficiencia en la gestión de actividades diarias.
- **Monitorización de productividad personal:** las aplicaciones que monitorizan el uso del tiempo, como *RescueTime* o *Forest,* ofrecen *insights* sobre los hábitos de productividad personal. Estas herramientas ayudan a identificar áreas de mejora y fomentan una gestión más consciente del tiempo.

2.8. Gestión del tiempo

La gestión efectiva del tiempo es esencial para el éxito personal y profesional, y las tecnologías digitales han facilitado considerablemente esta tarea. Las nuevas formas de utilización de estas herramientas digitales no solo ayudan a organizar las actividades diarias, sino que también permiten una mayor conciencia en el empleado encargado de cada actividad y, en consecuencia, una optimización del tiempo.

Así, la utilización de las herramientas digitales de gestión del tiempo ha facilitado la optimización de recursos temporales, permitiendo a las personas no solo ser más productivas, sino también tomar decisiones más informadas sobre cómo priorizar y distribuir su tiempo de manera estratégica.

Las herramientas digitales se han convertido en aliadas valiosas para enfrentar los desafíos de la vida cotidiana de manera más eficiente y equilibrada.

Las herramientas digitales más utilizadas para optimizar la gestión del tiempo en el ámbito personal y profesional se describen a continuación:

- **Calendarios digitales:** la utilización de calendarios digitales, como *Google Calendar* y *Microsoft Outlook,* han transformado la forma de planificar y gestionar el tiempo. La capacidad para programar eventos, establecer recordatorios y compartir calendarios facilita la organización personal y colaborativa, asegurando que las tareas se finalicen a tiempo.
- **Herramientas de tareas y lista de pendientes:** hay aplicaciones, como *Todoist, Any.do* y *Wunderlist,* que ayudan a organizar y priorizar tareas diarias. La posibilidad de crear listas, establecer fechas límite y recibir notificaciones contribuye a una gestión más efectiva del tiempo y una mayor productividad.
- **Temporizadores y técnica Pomodoro:** las herramientas basadas en la técnica Pomodoro, como Focus@Will o *TomatoTimer,* utilizan temporizadores para dividir el tiempo en intervalos de trabajo y descanso, promoviendo así la concentración y la eficiencia y mejorando la productividad a través de la gestión consciente del tiempo.
- **Aplicaciones de seguimiento del tiempo:** existen aplicaciones de seguimiento del tiempo, como *Toggl* o *Clockify,* que permiten registrar el tiempo dedicado específicamente a las diferentes tareas. Esto no solo proporciona información valiosa sobre la distribución del tiempo, sino que también facilita la identificación de áreas de mejora en la gestión del tiempo.
- **Planificación estratégica a largo plazo:** herramientas de planificación estratégica, como *Evernote* o *Notion,* permiten la organización de metas a largo plazo, proyectos y planes, ya que, la capacidad para mantener una visión clara de los objetivos contribuye a una gestión del tiempo más alineada con las aspiraciones a largo plazo.
- **Análisis de productividad:** hay plataformas de análisis de productividad, como *RescueTime* o *Forest,* que proporcionan datos detallados sobre cómo se utiliza el tiempo en los dispositivos digitales. Estas herramientas permiten una reflexión sobre los hábitos digitales y fomentan una mayor conciencia de cómo se invierte el tiempo.

 TAREA 5

Marcos es director financiero en una empresa de repuestos de automóvil y se ha dado cuenta que pasa mucho tiempo realizando sus tareas rutinarias diarias y tiene muchos tiempos muertos que provocan que se le acumule el trabajo.

Continúa en página siguiente >>

<< Viene de página anterior

Ayuda a Marcos y enséñale qué herramientas de gestión del tiempo puede utilizar para optimizar el tiempo dedicado a cada tarea y, en consecuencia, mejorar su productividad.

 ACTIVIDAD COMPLEMENTARIA

5. Entra en *Google Calendar* y *Microsoft Outlook,* a continuación escribe las características de cada uno en sus respectivos calendarios digitales, obteniendo finalmente una comparativa de ambos.

3. Utilización de las tecnologías avanzadas para hacer gestiones y trámites administrativos

 HILO CONDUCTOR

En Online Prices, S. L. han conseguido automatizar y digitalizar gran parte de sus procesos, tanto mecánicos como administrativos y, ahora que ya tienen una cierta soltura y seguridad en su utilización, quieren utilizar las herramientas digitales (con tecnologías avanzadas) para hacer sus gestiones y trámites relacionados con las finanzas y con las Administraciones públicas. Para ello, necesitarán aprender a utilizar herramientas y aplicaciones desarrolladas por las mismas administraciones y saber adaptar sus procesos a ellas.

La integración de las tecnologías emergentes ha transformado el modo en el que llevamos a cabo las gestiones y los trámites administrativos, especialmente los relacionados con las Administraciones públicas.

De hecho, la transición hacia la presentación de las declaraciones y liquidaciones tributarias de forma electrónica ha llevado consigo un cambio importante en el modo de presentar informes fiscales, permitiendo así una optimización de la eficiencia y la reducción de la utilización de recursos físicos.

Además, la introducción del certificado y la firma digital han impulsado la autenticación digital, dejando atrás notablemente las firmas manuscritas, al tratarse de un sistema mucho más rápido, seguro y eficaz que, además, ha agilizado enormemente la gran mayoría de procedimientos legales y administrativos.

Por lo que respecta al ámbito financiero, las criptomonedas han desafiado los sistemas tradicionales de pago al ofrecer nuevos métodos descentralizados y, definitivamente, más privados, llevando consigo una revolución en la forma de concebir y realizar transacciones económicas de cualquier tipo.

Además, la cadena de bloques, la tecnología subyacente a las criptomonedas, ha extendido sus beneficios a áreas como la Administración pública y la gestión de datos, proporcionando una capa de transparencia y confiabilidad en registros y transacciones.

 **DEFINICIÓN**

Criptomonedas

Son una forma de moneda digital que utiliza criptografía para garantizar la seguridad de las transacciones y controlar la creación de nuevas unidades. A diferencia de las monedas tradicionales emitidas por gobiernos o bancos centrales, las criptomonedas operan en una red descentralizada basada en tecnología de cadena de bloques, también llamada *blockchain*.

A continuación, vamos a ahondar en la utilización de las tecnologías emergentes en estos tipos de procesos administrativos y financieros.

3.1. Declaraciones tributarias

La evolución de las declaraciones tributarias hacia su versión electrónica ha representado un cambio significativo en la forma en que individuos y empresas cumplen con sus obligaciones fiscales.

Este avance ha sido facilitado por el uso de plataformas digitales y sistemas en línea que permiten la presentación y gestión eficiente de información fiscal. Aquí examinaremos, de manera más detallada, cómo las declaraciones tributarias electrónicas han transformado la interacción entre contribuyentes y autoridades fiscales.

La transición a las declaraciones tributarias electrónicas no solo ha simplificado el proceso para los contribuyentes, sino que también ha permitido a las autoridades fiscales una gestión más eficiente y transparente de la información tributaria. Este avance refleja el continuo esfuerzo hacia la modernización de los sistemas tributarios, mejorando la experiencia para todos los actores involucrados en el cumplimiento de obligaciones fiscales.

NOTA

Las declaraciones tributarias electrónicas ya se utilizan de forma generalizada, ya que permiten a la Agencia Tributaria disponer de un mayor control de las actividades, ingresos y gastos que realizan los sujetos que las presentan.

Las ventajas de las herramientas digitales avanzadas en la presentación de declaraciones tributarias son cuantiosas y diversas. Sin embargo, cabe destacar las siguientes:

- **Agilidad y precisión:** la presentación electrónica de declaraciones tributarias ofrece una velocidad considerable en comparación con los métodos tradicionales basados en papel. Los contribuyentes pueden completar y presentar sus declaraciones de manera rápida y precisa, reduciendo la posibilidad de errores y mejorando la eficiencia del proceso.
- **Acceso remoto:** la disponibilidad en línea de plataformas para presentar las declaraciones tributarias permite a los contribuyentes acceder a sus declaraciones desde cualquier lugar y en cualquier momento.
- **Reducción de papel y sostenibilidad:** al eliminar la necesidad de documentos físicos, las declaraciones tributarias electrónicas contribuyen a la reducción del uso de papel. Este cambio no solo es más sostenible con el medio ambiente, sino que también simplifica la gestión y el almacenamiento de documentos por parte de los contribuyentes.
- **Automatización y verificación instantánea:** las plataformas de declaraciones tributarias electrónicas a menudo incluyen funciones de verificación instantánea de información y automatización. Este hecho ayuda a los contribuyentes a identificar posibles errores antes de presentar la declaración, garantizando mayor precisión y cumplimiento normativo.
- **Seguridad y respaldo de datos:** la seguridad de la información es una prioridad en las plataformas de declaraciones tributarias electrónicas.

Estas utilizan medidas avanzadas de criptografía y protocolos de seguridad para proteger la privacidad y confidencialidad de los datos de los contribuyentes. Además, la información fiscal almacenada electrónicamente proporciona un respaldo seguro y accesible, en caso de auditoría o necesidad de referencia futura.

3.2. Firma y certificado digital

La introducción de la firma y el certificado digital ha sido un hito fundamental en la evolución hacia la gestión de trámites administrativos de manera más segura y eficiente. Estas tecnologías no solo han redefinido la autenticación de documentos en el ámbito digital, sino que también han allanado el camino para una mayor agilidad en la realización de transacciones legales y administrativas.

La firma y el certificado digital representan un avance clave en la modernización de los procesos administrativos y legales. Su adopción no solo mejora la seguridad y autenticidad de los documentos, sino que también impulsa la eficiencia y la agilidad en la ejecución de trámites y transacciones, contribuyendo a un entorno administrativo.

 PARA SABER MÁS

La firma electrónica en España se encuentra regulada por la Ley 6/2020, de 11 de noviembre, reguladora de determinados aspectos de los servicios electrónicos de confianza. Puedes consultarla accediendo desde aquí:

https://redirectoronline.com/fcoi230204

Certificado digital

Según el Portal de Administración electrónica, un certificado electrónico es "un documento electrónico expedido por una Autoridad de certificación e identifica a una persona (física o jurídica) con un par de claves. Tiene como misión validar y certificar que una firma electrónica se corresponde con una persona o entidad concreta".

El certificado electrónico incluye toda la información que necesita el usuario para poder firmar electrónicamente, garantizando que se identifica a su propietario con los siguientes datos personales:

De esta forma, la **Autoridad de Certificación** da fe de que la firma electrónica utilizada pertenece a un usuario concreto, motivo por el cual se indica que los certificados están firmados también por la citada Autoridad de certificación.

Para obtener el certificado digital hay que acceder a la sede electrónica de la Real Casa de la Moneda con el mismo ordenador y navegador desde el que se pretende descargar, posteriormente dicho certificado digital.

La sede electrónica permite solicitar el certificado con el dispositivo móvil, vídeo identificación, acreditación presencial en algún centro de la Real Casa de la Moneda o a través de DNIe:

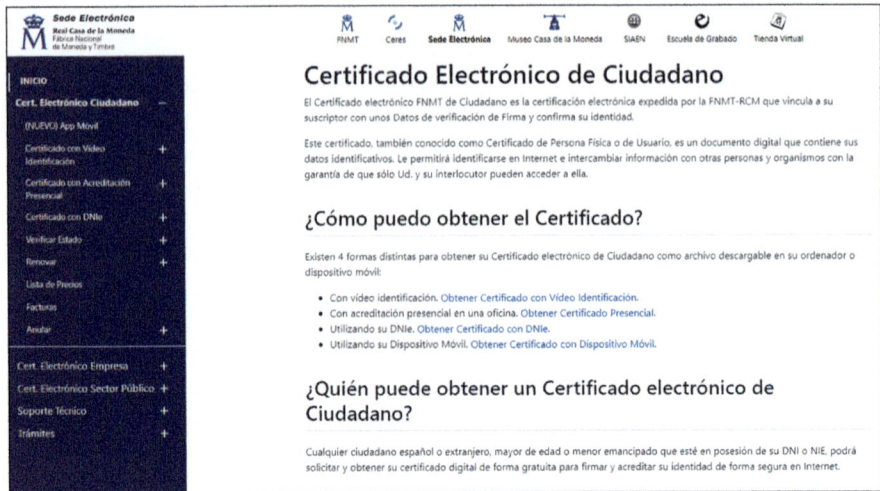

Página web oficial de la sede electrónica de la Casa Real de la Moneda

 **PARA SABER MÁS**

Si quieres consultar la página web de la sede electrónica de la Casa Real de la Moneda, puedes hacerlo accediendo desde aquí:

https://redirectoronline.com/fcoi230205

Una vez obtenido el certificado digital, hay que tener en cuenta que tiene una fecha de caducidad, a partir de la cual deberá solicitarse de nuevo dicho certificado o proceder a su renovación según el caso.

En cualquiera de ambos casos, tanto la nueva solicitud como la renovación se pueden hacer también directamente a través de la sede electrónica de la Real Casa de la Moneda.

SABÍAS QUE...

Además del certificado digital personal, existen otros tipos de certificados digitales, como el certificado electrónico de empresa (utilizado para actuar en nombre de la misma) o el certificado electrónico de empleado público (certificado mediante el cual los empleados públicos pueden actuar en nombre de la administración pública a la que pertenecen), entre otros.

Todos estos certificados también se solicitan a través de la sede electrónica de la Real Casa de la Moneda.

Firma digital

Según el Portal de Administración electrónica: "La firma electrónica es un conjunto de datos electrónicos que acompañan o que están asociados a un documento electrónico y cuyas funciones básicas son:

> *Identificar al firmante de manera inequívoca.*
>
> *Asegurar la integridad del documento firmado. Asegura que el documento firmado es exactamente el mismo que el original y que no ha sufrido alteración o manipulación.*
>
> *Asegurar el no repudio del documento firmado. Los datos que utiliza el firmante para realizar la firma son únicos y exclusivos y, por tanto, posteriormente, no puede decir que no ha firmado el documento.*

Es importante tener en cuenta que, para poder firmar electrónicamente un documento, es imprescindible tener un certificado digital o un DNI electrónico, ya que estos contienen unas claves criptográficas, fundamentales y necesarias para poder finalizar el proceso de firma.

IMPORTANTE

Sin un certificado digital o un DNI electrónico, no puede obtenerse la firma electrónica ni firmar electrónicamente ningún documento oficial.

⊕ PARA SABER MÁS

Si quieres visitar el Portal de Administración electrónica, puedes hacerlo accediendo desde aquí:

https://redirectoronline.com/fcoi230206

3.3. Criptomonedas

Las criptomonedas son formas de moneda digital que utilizan principios criptográficos para garantizar la seguridad de las transacciones y para controlar la creación de nuevas unidades. Estas operan en una red descentralizada basada en **tecnología de cadena de bloques** *(blockchain),* lo que significa que no están controladas por una autoridad central como un gobierno o un banco central.

Las criptomonedas utilizan criptografía para garantizar la integridad y la seguridad de las transacciones, y la *blockchain* registra de manera transparente todas las transacciones realizadas con la criptomoneda.

Aunque Bitcoin ha sufrido una caída importante de su valor, sigue siendo la criptomoneda más utilizada en la actualidad.

El Bitcoin, creado en 2009, fue la primera criptomoneda y, desde entonces, han surgido muchas otras, como Ethereum, Ripple, Litecoin, entre otras. Cada criptomoneda tiene sus propias características y aplicaciones, pero comparten el objetivo de proporcionar un medio de intercambio seguro y descentralizado en el ámbito digital.

Aunque muy a menudo se crean nuevas criptomonedas, las más utilizadas se pueden visualizar en el siguiente gráfico:

- **Bitcoin (BTC):** como la primera criptomoneda, el *bitcoin* sigue siendo la más conocida y valiosa. Se utiliza principalmente como una forma de almacenar valor y medio de intercambio.
- **Ethereum (ETH):** ethereum es conocido por su enfoque en contratos inteligentes y aplicaciones descentralizadas (*dApps*). Permite a los desarrolladores crear sus propias aplicaciones en su *blockchain*.
- **Binance Coin (BNB):** originario de la plataforma de intercambio Binance, BNB se utiliza para pagar tarifas de transacción en la plataforma, así como en diversas aplicaciones y servicios que aceptan la moneda.
- **Ripple (XRP):** ripple se centra en facilitar transacciones internacionales y pagos transfronterizos de manera más rápida y económica que los métodos tradicionales.
- **Litecoin (LTC):** creado como la "plata" para el "oro" de *bitcoin,* ofrece tiempos de confirmación de transacciones más rápidos y utiliza un algoritmo de minería diferente.
- **Cardano (ADA):** se enfoca en la seguridad y la escalabilidad, y se desarrolla mediante una metodología científica y académica.
- **Polkadot (DOT):** busca permitir la interoperabilidad entre diferentes *blockchains,* permitiendo que se comuniquen y compartan información.
- **Bitcoin Cash (BCH):** surgió de una bifurcación de *bitcoin* en 2017 y busca ser una alternativa para pagos más rápidos y menos costosos.

 **APLICACIÓN PRÁCTICA**

Juan es el director financiero de una empresa de *marketing* y, a nivel personal, quiere empezar a utilizar una criptomoneda para realizar pagos transfronterizos de forma rápida y económica. ¿Qué criptomoneda le recomendarías a Juan?

Continúa en página siguiente >>

<< Viene de página anterior

Solución

Aunque con el resto de criptomonedas también se pueden hacer pagos internacionales, la criptomoneda más adecuada, rápida y económica para pagos internacionales y transfronterizos es, sin duda, *Ripple*.

3.4. Cadenas de bloques o *blockchain*

La tecnología *blockchain* es un sistema descentralizado de registro de información que utiliza la criptografía para garantizar la seguridad y la integridad de los datos. Se trata de la tecnología subyacente detrás de muchas criptomonedas, pero su aplicabilidad se extiende mucho más allá de las monedas digitales.

Los aspectos clave de esta tecnología son los siguientes:

1. **Descentralización:** a diferencia de las bases de datos centralizadas tradicionales, en una *blockchain* la información se almacena en una red descentralizada de nodos, es decir, en distintas computadoras. Cada nodo en la red tiene una copia del registro completo, lo que significa que no hay un único punto de control.
2. **Bloques y cadena de bloques:** la información en una *blockchain* se agrupa en bloques, y cada bloque está vinculado al anterior mediante un código criptográfico, formando así una cadena de bloques. Esta cadena inmutable garantiza que los datos anteriores no puedan ser modificados sin modificar todos los bloques siguientes, lo que proporciona un alto nivel de seguridad.
3. **Criptografía:** la información almacenada en bloques está protegida mediante algoritmos criptográficos avanzados. Cada bloque contiene un *hash* criptográfico del bloque anterior, creando una conexión segura. Además, las transacciones dentro de un bloque están protegidas mediante firmas digitales.
4. **Consenso:** para agregar nuevos bloques a la cadena, la red de nodos debe llegar a un consenso, lo que significa que los participantes de la red deben estar de acuerdo en que una transacción es válida y puede ser añadida al registro compartido.
5. **Transparencia y verificación:** la información almacenada en una *blockchain* es accesible para todos los participantes de la red. Esto proporciona transparencia y verificabilidad, ya que cualquier cambio en los datos puede ser rastreado y auditado por cualquier miembro de la red.

6. **Smart contracts:** los contratos inteligentes son programas autónomos ejecutados en una *blockchain* que automatizan y ejecutan automáticamente acuerdos cuando se cumplen ciertas condiciones predefinidas.

El *blockchain,* aunque inicialmente se popularizó gracias a las criptomonedas, ha demostrado tener una amplia gama de aplicaciones más allá del ámbito financiero. Los principales ejemplos de aplicaciones del *blockchain* se muestran a continuación:

- **Finanzas descentralizadas:** existen plataformas que utilizan *blockchain* para ofrecer servicios financieros descentralizados, incluidos préstamos, intercambios y generación de intereses, sin depender de intermediarios tradicionales.
- **Tokens No Fungibles (NFT):** los NFT son activos digitales únicos y no intercambiables que representan la propiedad de elementos digitales, como arte, música o vídeos.
- **Gestión de identidad:** la tecnología *blockchain* puede utilizarse para crear sistemas de gestión de identidad más seguros y descentralizados, donde los individuos tienen control sobre su propia información.
- **Cadena de suministro:** se utiliza *blockchain* para rastrear el origen y el recorrido de productos en la cadena de suministro, lo que mejora la transparencia y la autenticidad de los productos, reduciendo la posibilidad de fraude.
- **Votación electrónica:** *blockchain* puede ofrecer un entorno seguro y transparente para sistemas de votación electrónica, mejorando la integridad del proceso electoral.
- **Propiedad intelectual y derechos de autor:** *blockchain* se utiliza para gestionar y proteger la propiedad intelectual, facilitando el seguimiento de derechos de autor y la compensación justa para los creadores.
- **Certificación académica:** *blockchain* se usa para almacenar certificados académicos de forma inmutable, lo que garantiza su autenticidad y evita la falsificación.
- **Seguimiento de activos:** aplicado al seguimiento de alimentos, se utiliza *blockchain* para rastrear y verificar el movimiento de productos alimenticios a lo largo de la cadena de suministro, mejorando la seguridad alimentaria.
- **Atención médica:** *blockchain* puede utilizarse para gestionar y compartir de forma segura registros médicos, permitiendo a los pacientes tener un mayor control sobre su información médica.

4. Aplicación e impulso de las nuevas formas de aprendizaje en entornos digitales

☞ HILO CONDUCTOR

Online Prices, S. L. está en pleno proceso de expansión y ha llevado a cabo un proceso de reclutamiento y contratación de personal importante, lo que le ha llevado a pensar que es el momento de formar a los nuevos empleados con la ayuda de las nuevas tecnologías digitales.

Para ello, ha pensado explorar las nuevas formas de enseñanza y aprendizaje en entornos digitales y desarrollar un plan de formación accesible y fácil de utilizar por los nuevos empleados, sabiendo que, a pesar de que posiblemente se requiera una inversión importante, la empresa va a ganar en eficiencia, agilidad y rapidez respecto a la formación de sus trabajadores.

La revolución digital ha influido en todos los aspectos de nuestra sociedad, y la educación no puede ser una excepción. En el presente siglo, hemos presenciado una transformación importante en la manera en que concebimos y participamos en el proceso de aprendizaje.

La aplicación e impulso de las nuevas formas de aprendizaje con las herramientas digitales han desencadenado cambios en el sector de la educación, desafiando las estructuras convencionales y abriendo un gran abanico de posibilidades educativas.

De hecho, gracias a la tecnología digital y a las nuevas formas de aprendizaje que se han generado, la educación digital ha emergido como una herramienta para la construcción colectiva del conocimiento y el desarrollo de habilidades en un mundo cada vez más globalizado e interconectado.

4.1. Configuración y conexión

La conexión y configuración de herramientas de aprendizaje en entornos digitales varían según la plataforma y la herramienta específica que se esté utilizando.

Si, por ejemplo, se desea utilizar una plataforma de aprendizaje en línea, los pasos que debes seguir para conectarte a ella, configurarla y utilizarla serían los siguientes:

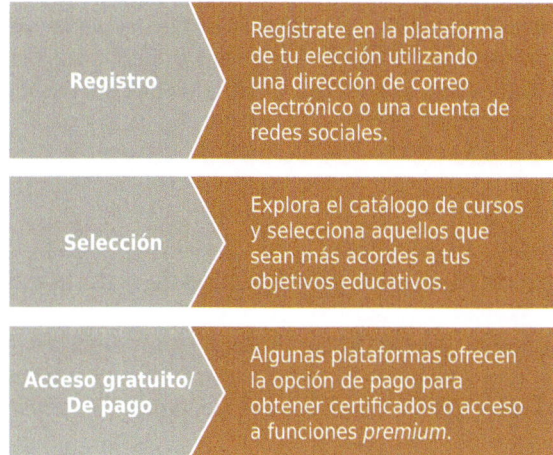

Sin embargo, si prefieres utilizar aulas virtuales y sistemas de gestión del aprendizaje *(Learning Management System,* LMS), los pasos que se deben seguir serán similares, pero algo distintos.

Se resumirían como se muestra a continuación:

Registro
Regístrate como educador o estudiante en la plataforma seleccionada.

Creación de un aula virtual
Crea un aula virtual y personaliza la configuración, que puede incluir la estructura del curso, las tareas y los sistemas para poner y calcular las calificaciones.

Invitación a participar
Invita a los estudiantes a unirse al aula mediante enlaces de invitación o códigos específicos.

IMPORTANTE

Es fundamental seguir las instrucciones proporcionadas por cada plataforma y herramienta, ya que los pasos específicos pueden variar. Además, muchas de estas herramientas ofrecen recursos de ayuda, tutoriales y comunidades en línea para resolver cualquier pregunta o problema que puedas encontrar durante la conexión y configuración.

4.2. Creación de comunidades digitales de aprendizaje

Una comunidad digital de aprendizaje es un entorno en línea donde las personas con intereses y objetivos educativos o profesionales similares se reúnen para compartir conocimientos, colaborar y participar en actividades educativas.

Estas comunidades proporcionan un espacio virtual donde los participantes pueden conectarse, interactuar y aprender de manera colaborativa a través de plataformas digitales.

Los principales ejemplos de comunidades digitales de aprendizaje incluyen foros educativos en línea, grupos especializados en redes sociales, plataformas de discusión en cursos en línea y espacios virtuales donde los profesionales comparten conocimientos en sus campos respectivos.

Así, estas comunidades desempeñan un papel importante en el aprendizaje continuo y el desarrollo profesional, permitiendo la construcción de conocimiento de manera colaborativa en un entorno digital.

SABÍAS QUE...

Aunque en las comunidades virtuales de aprendizaje son los profesores los que dictan las pautas de comunicación y participación, estos deben crear la comunidad con la finalidad fundamental de fomentar la participación del alumnado en ella y de, además, crear un ambiente en el que colaboren entre ellos como forma innovadora de aprendizaje.

Hay muchos tipos de comunidades de aprendizaje, siendo su clasificación principal la que distingue entre **comunidades de aprendizaje presenciales y comunidades de aprendizaje digitales.**

Las diferencias entre ambas tipologías se describen en la tabla que se muestra a continuación:

	Presencial	*Online*
Tipo de comunicación	Oral, al ser presencial.	Escrita, oral y audiovisual.
Características de la comunicación	Síncrona, ya que el profesor y los alumnos comparten el mismo espacio al mismo tiempo.	Síncrona o asíncrona, ya que el profesor puede decidir impartir la clase a tiempo real o dejarla grabada para que los alumnos puedan acceder a ella en otro momento.
Realización de consultas	Es imprescindible que los alumnos tomen notas ya que si tienen que consultar la información, tienen que volver a preguntar al profesor o acudir a sus apuntes.	El material se sube a la nube o se pone a disponibilidad de los alumnos en una plataforma virtual, lo que permite su consulta en cualquier momento.
Herramientas de trabajo	Libros y textos en formato papel o digital, ordenador o tabletas digitales, entre otros.	Principalmente ordenador y dispositivos digitales, además de textos en formato digital, material audiovisual, plataformas de aprendizaje, etc.

4.3. Gestión de espacios de autoaprendizaje

Un espacio de autoaprendizaje es un entorno diseñado para que los individuos puedan dirigir y gestionar su propio proceso de aprendizaje de manera autónoma. Este tipo de espacio proporciona recursos, herramientas y estructuras que permiten a los estudiantes explorar, adquirir y aplicar conocimientos de manera independiente, sin la necesidad de una guía constante de un profesor.

La gestión de los espacios de autoaprendizaje ofrece a los estudiantes la capacidad de dirigir su propio proceso educativo, ya que las herramientas digitales, personalizables y accesibles, permiten a cada estudiante explorar sus áreas de interés, suponiendo un cambio significativo en la enseñanza y en el aprendizaje, más centrado en el estudiante que añade adaptabilidad a sus necesidades específicas.

Los espacios de autoaprendizaje son perfectamente compatibles con la docencia tradicional, siendo opciones complementarias.

Los espacios de autoaprendizaje son perfectamente compatibles con la docencia tradicional, siendo opciones complementarias.

Un espacio de autoaprendizaje puede adoptar diversas formas, desde plataformas en línea dedicadas, hasta entornos físicos diseñados para el estudio independiente. Estos espacios son valiosos tanto para la educación formal como para el aprendizaje continuo, ya que capacitan a las personas para ser autodidactas y tomar el control de su desarrollo académico y profesional.

Las principales características de un espacio de autoaprendizaje son las siguientes:

- **Acceso a recursos educativos:** proporciona una amplia gama de recursos educativos, como libros, vídeos, tutoriales en línea y otros materiales relacionados con el tema de estudio.
- **Flexibilidad en el ritmo de aprendizaje:** permite a los estudiantes avanzar a su propio ritmo, tomándose el tiempo necesario para comprender conceptos antes de pasar al siguiente tema.
- **Personalización del contenido:** ofrece la posibilidad de personalizar el contenido de aprendizaje según las necesidades e intereses individuales de los estudiantes.
- **Herramientas de evaluación y retroalimentación:** incluye herramientas que permiten a los estudiantes evaluar su propio progreso y recibir retroalimentación, como cuestionarios, ejercicios prácticos y autoevaluaciones.

- **Gestión del tiempo:** facilita la gestión del tiempo, permitiendo a los estudiantes organizar y planificar sus sesiones de estudio de acuerdo con sus horarios y preferencias.
- **Interactividad y colaboración:** ofrece oportunidades para la interactividad y la colaboración, ya sea a través de foros en línea, grupos de estudio virtuales o plataformas que permiten compartir experiencias y conocimientos con otros estudiantes.
- **Autoevaluación y reflexión:** incluye elementos que promueven la autoevaluación y la reflexión sobre el aprendizaje, como diarios de aprendizaje o actividades que invitan a los estudiantes a considerar cómo aplicarán los conocimientos adquiridos.

APLICACIÓN PRÁCTICA

Marta es profesora y quiere comenzar a utilizar las herramientas digitales para impartir sus clases. Se ha fijado específicamente en los espacios de aprendizaje y quiere conocer con más detenimiento las ventajas de esta herramienta. ¿Cuál de las siguientes situaciones no es una ventaja de los espacios de aprendizaje?

- **Ritmo de aprendizaje rígido.**
- **Facilidad para la gestión del tiempo.**
- **Permite la interactividad y colaboración entre los usuarios.**
- **Permite la personalización del contenido.**

Solución

No es una ventaja de los espacios de aprendizaje, un ritmo de aprendizaje rígido, pues una de las características más remarcables de los espacios de aprendizaje es la flexibilidad en el ritmo de aprendizaje del alumno, ya que le permite avanzar a su propio ritmo y tomarse el tiempo necesario para comprender los conceptos antes de pasar al siguiente tema.

4.4. Recursos digitales de aprendizaje

Los recursos digitales de aprendizaje son materiales educativos en formato digital que están diseñados para apoyar y enriquecer el proceso de aprendizaje. Estos recursos abarcan una amplia variedad de formatos, como texto, imágenes, vídeos, animaciones, simulaciones, juegos interactivos y más.

Su objetivo es proporcionar a los estudiantes y educadores **herramientas dinámicas y accesibles que complementen o sustituyan los recursos tradicionales** (como libros de texto y materiales impresos) y tienen como **características** principales las siguientes:

- **Interactividad:** los recursos digitales suelen permitir la interacción directa del usuario. Pueden incluir elementos interactivos como simulaciones, juegos educativos, preguntas interactivas y actividades prácticas que involucran al estudiante de manera activa.
- **Personalización del aprendizaje:** muchos recursos digitales permiten adaptar el contenido según las necesidades individuales de los estudiantes. Esto incluye la posibilidad de ajustar el nivel de dificultad, realizar un seguimiento del progreso y ofrecer recomendaciones personalizadas.
- **Actualización continua:** los recursos digitales pueden actualizarse fácilmente para reflejar avances en el conocimiento o cambios en los estándares educativos. Esto asegura que los materiales estén siempre actualizados y relevantes.
- *Feedback* **inmediato:** proporcionan retroalimentación instantánea sobre el rendimiento del estudiante en evaluaciones y actividades. Esto permite a los estudiantes corregir errores de inmediato y ajustar su enfoque de estudio.
- **Colaboración en línea:** muchos recursos digitales facilitan la colaboración entre estudiantes, ya sea a través de foros, plataformas de comentarios o herramientas de trabajo en grupo en línea. Todo ello promueve el aprendizaje social y la construcción de conocimiento colectivo.
- **Herramientas de análisis de datos:** ofrecen herramientas para analizar el progreso del estudiante y evaluar el rendimiento, lo que permite a profesores y estudiantes identificar áreas de mejora y ajustar estrategias de aprendizaje.
- **Adaptabilidad a distintos dispositivos:** los recursos digitales están diseñados para funcionar en una gran variedad de dispositivos, como ordenadores, tabletas y teléfonos inteligentes, brindando así flexibilidad en términos de accesibilidad y uso.

Aunque el abanico de recursos digitales de aprendizaje es muy amplio, a continuación, vamos a describir los recursos más utilizados y habituales:

- **Plataformas de cursos en línea:** ofrecen cursos completos en línea con materiales multimedia, evaluaciones y actividades interactivas.
- **Vídeos educativos:** contienen explicaciones visuales de conceptos, tutoriales, documentales educativos y conferencias.
- **Simulaciones interactivas:** permiten a los estudiantes experimentar y explorar conceptos de manera práctica. Pueden abarcar áreas como ciencias, matemáticas o ingeniería.

- **Juegos educativos:** utilizan elementos de juego para enseñar y reforzar conceptos educativos. Pueden abordar diversas materias y habilidades.
- **Libros electrónicos** *(e-books):* versiones digitales de libros impresos que pueden incluir características interactivas, como enlaces, vídeos incrustados o actividades.
- **Plataformas de aprendizaje de idiomas:** ofrecen lecciones interactivas, práctica de vocabulario y actividades para el aprendizaje de idiomas.
- **Herramientas de colaboración:** permiten a los estudiantes y a los profesores colaborar en documentos en línea, realizar anotaciones y comentarios en tiempo real. Los ejemplos más utilizados son *Google Docs* y *Microsoft OneNote*.
- **Bancos de preguntas y pruebas en línea:** proporcionan preguntas y pruebas interactivas para evaluar el conocimiento y practicar habilidades. Algunos ejemplos de aplicaciones con bancos de preguntas son *Quizlet* y *Kahoot!*
- **Pódcast educativos:** facilitan contenido educativo en formato de audio, que pueden incluir entrevistas, conferencias y discusiones sobre diversos temas.

4.5. Modalidades de cursos y formaciones: MOOC, NOOC, teleformación y mixta entre otros

Como se ha ido comentando a lo largo de los epígrafes anteriores, la proliferación de recursos digitales ha enriquecido la experiencia de aprendizaje. Desde simulaciones interactivas hasta vídeos educativos y bibliotecas digitales, los estudiantes tienen acceso a una variedad de materiales que se adaptan a diferentes estilos de aprendizaje, proporcionando una experiencia educativa más personalizada.

Los recursos digitales de aprendizaje más utilizados son los cursos y las formaciones en cualquiera de las siguientes modalidades:

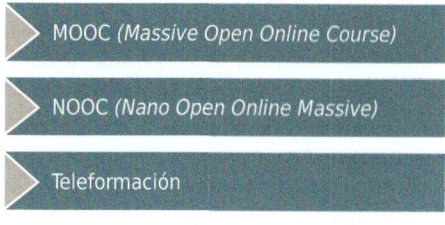

MOOC *(Massive Open Online Course)*

NOOC *(Nano Open Online Massive)*

Teleformación

Continúa en página siguiente >>

<< Viene de página anterior

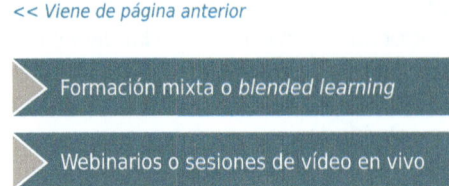

Aunque a continuación detallaremos las características y utilidades principales de cada uno de estos recursos es imprescindible tener en cuenta que la elección de la modalidad de formación va a depender de múltiples factores como los objetivos educativos, la disponibilidad de tiempo, las preferencias de aprendizaje y la naturaleza del contenido, entre otros.

MOOC, *Massive Open Online Course*

Un MOOC (*Massive Open Online Course o curso online* masivo y abierto) es una modalidad de formación en línea que ofrece cursos educativos a un gran número de participantes a través de internet.

Los MOOC son conocidos por su acceso abierto, lo que significa que generalmente son gratuitos y los puede utilizar cualquier persona interesada, sin importar su ubicación geográfica.

Sus **características** principales son las siguientes:

1. Suelen ser accesibles de forma gratuita para cualquier persona en participar.
2. Están diseñados para manejar grandes cantidades de participantes y utilizan plataformas en línea que permiten la inscripción masiva sin restricciones de capacidad.
3. Suelen incorporar una gran variedad de recursos multimedia, como vídeos, presentaciones, lecturas cuestionarios interactivos y foros discusión, para proporcionar un aprendizaje enriquecido.
4. Los participantes pueden acceder al contenido del curso en cualquier momento y desde cualquier lugar con conexión a internet, lo que proporciona flexibilidad en cuanto al horario de estudio.
5. Aunque pueden tener un gran número de participantes, muchos MOOC fomentan la interacción y colaboración entre estudiantes a través de foros de discusión, grupos de estudio y actividades en línea.
6. Algunos MOOC ofrecen certificados de finalización a los participantes que cumplen con los requisitos del curso. Estos certificados pueden tener un costo asociado y son opcionales.

7. Abarcan una amplia gama de temas desde ciencias y tecnología hasta humanidades y negocios. Esto permite a los participantes explorar diferentes áreas de interés.
8. La duración de los MOOC puede variar desde unas pocas semanas hasta varios meses. Esto permite adaptarse a diferentes necesidades y niveles de compromiso.

NOOC, Nano Open Online Massive

Los NOOC *(Nano Open Online Courses)* son una variante de los MOOC y, al igual que estos, son cursos en línea diseñados para ser accesibles a un amplio número de participantes a través de internet. La principal diferencia entre los MOOC y los NOOC radica en la duración y enfoque del contenido.

Sus características básicas son las siguientes:

1. Los NOOC son cursos más cortos, en comparación con los MOOC. Se centran en proporcionar contenidos específicos y concisos que pueden ser completados en un periodo de tiempo más corto.
2. A diferencia de los MOOC, que pueden abarcar una amplia gama de temas, los NOOC se centran en un tema específico o en una habilidad concreta. Están diseñados para ofrecer información detallada en un área temática particular.
3. Los NOOC, a menudo, están diseñados para ofrecer una mayor especialización en un tema específico, proporcionado conocimientos más detallados y prácticos en lugar de cubrir una amplia variedad de conceptos.
4. Al ser cursos más cortos y especializados, los NOOC suelen tener un enfoque práctico. Pueden incluir ejercicios, proyectos o tareas específicas destinadas a aplicar directamente los conceptos aprendidos.
5. Similar a los MOOC, los NOOC generalmente ofrecen flexibilidad en cuanto a horarios, permitido a los participantes acceder al contenido y completar las actividades según su disponibilidad.
6. Al igual que los MOOC, los NOOC suelen incorporar una variedad de recursos multimedia, como vídeos, presentaciones y materiales interactivos.
7. Algunos NOOC ofrecen certificados de finalización, pero, al igual que en los MOOC, estos certificados suelen ser opcionales y pueden requerir el pago de una tarifa.

NOTA

Los NOOC son una respuesta a la demanda de aprendizaje rápido y especializado, ya que permite que los participantes tengan la oportunidad de adquirir conocimientos específicos en un breve período de tiempo.

- -

Teleformación

La teleformación, también conocida como formación a distancia, es una modalidad de enseñanza que utiliza tecnologías de la información y comunicación para proporcionar aprendizaje fuera del entorno físico tradicional de un aula.

Este enfoque permite que estudiantes y profesores se conecten y participen en actividades educativas sin necesidad de estar físicamente presentes en el mismo lugar y se caracteriza principalmente por los siguientes aspectos:

1. La comunicación entre profesores y estudiantes se realiza a distancia mediante herramientas como correo electrónico, videoconferencias, foros en línea u otras plataformas de comunicación.
2. Los participantes pueden acceder al contenido del curso y realizar actividades en línea desde cualquier lugar con conexión a internet.
3. Los materiales educativos suelen estar disponibles en línea, de modo que los alumnos pueden acceder a ellos en cualquier momento.
4. Se utilizan plataformas de aprendizaje en línea o sistemas de gestión de aprendizaje para organizar y administrar el contenido del curso y gestionar el seguimiento del progreso de los estudiantes.
5. Las evaluaciones se pueden realizar en línea mediante cuestionarios, actividades interactivas y otros métodos para evaluar el conocimiento y el rendimiento del estudiante.
6. La interacción puede ser asincrónica, a través de foros y mensajes que no requieren la participación simultánea de todos los participantes, o sincrónica, mediante videoconferencias en tiempo real.
7. Los alumnos pueden recibir apoyo y tutorías a través de comunicación en línea con los profesores y los compañeros. Esto puede incluir sesiones de preguntas y respuestas, debates y actividades colaborativas.

Formación mixta o *blended learning*

La formación mixta, también conocida como *blended learning,* es un enfoque educativo que integra elementos de la formación presencial con la formación en línea, ya que combina la interacción directa en un entorno físico tradicional con la flexibilidad y accesibilidad de la enseñanza digital.

Este modelo busca aprovechar lo mejor de ambos mundos, ofreciendo a los estudiantes una experiencia de aprendizaje más completa y adaptada a sus necesidades individuales y se caracteriza por los siguientes aspectos:

1. Incluye sesiones presenciales donde los estudiantes asisten físicamente a un aula o entorno de aprendizaje. Estas sesiones pueden ser conferencias, discusiones en grupo, demostraciones prácticas u otras actividades cara a cara.
2. Incorpora recursos educativos en línea, como lecturas digitales, vídeos, simulaciones y actividades interactivas, Los participantes pueden acceder a este contenido a través de plataformas de aprendizaje en línea o sistemas de gestión de aprendizaje.
3. Los participantes tienen la flexibilidad de acceder al material en línea en cualquier momento y desde cualquier lugar con conexión a internet. Esto permite adaptarse a diferentes horarios y preferencias de aprendizaje.
4. Las evoluciones y pruebas pueden llevarse a cabo en sesiones presenciales como en línea, utilizando cuestiones en línea, tareas digitales y otras formas de evaluación digital.
5. La interacción puede ocurrir de manera asincrónica, a través de foros y mensajes en línea que no requieren la participación simultánea de todos los participantes, y sincrónica, mediante videoconferencia en tiempo real o sesiones presenciales.
6. Los participantes pueden gestionar su tiempo de estudio de manera más flexible, utilizando las sesiones presenciales para actividades que requieren interacción directa y el contenido en línea para estudio individual.

NOTA

La formación mixta integra elementos presenciales y virtuales, proporcionando así la flexibilidad de aprendizaje en línea junto con las interacciones cara a cara, permitiendo maximizar las ventajas de ambos enfoques.

Webinars o sesiones de vídeo en vivo

Un *webinar* o una sesión de vídeo en vivo es una presentación, conferencia, taller o seminario que se transmite a través de internet en tiempo real. Este formato permite la participación y la interacción entre el profesor y la audiencia, a menudo a través de herramientas de comunicación en línea como videoconferencias, chat y preguntas y respuestas. Algunas de las características más relevantes son:

1. Como ya se ha comentado, los *webinars* se transmiten en tiempo real a través de internet. Los participantes pueden acceder a la presentación en sus computadoras, tabletas o dispositivos móviles.
2. Los participantes tienen la capacidad de interactuar con el profesor y entre ellos, lo que puede incluir la participación en encuestas, preguntas y respuestas en tiempo real, discusiones en chat y otras formas de participación activa.
3. Los docentes pueden compartir diapositivas, documentos, vídeos y otros recursos multimedia para respaldar su presentación, lo que facilita la transmisión de información de manera visual y dinámica.
4. Los participantes pueden unirse al *webinar* desde cualquier ubicación con conexión a internet, eliminando así las barreras geográficas y permitiendo la participación de audiencias dispersas.
5. Los *webinars* a menudo tienen fechas y horarios programados. Los participantes pueden registrarse previamente para recibir enlaces y recordatorios.
6. Muchos *webinars* se graban para que aquellos que no pudieron asistir en vivo acceder a la grabación más tarde. Así se añade flexibilidad en cuanto al momento de visualización.

 SABÍAS QUE...

Los *webinars*, además de contenido educativo, pueden abordar una amplia variedad de temas, desde talleres profesionales hasta eventos de *marketing* o conferencias virtuales, entre otros más.

5. Resumen

El avance de las nuevas tecnologías y de las herramientas digitales ha supuesto un cambio drástico en la forma en la que, tanto las personas como las empresas, operan y se relacionan entre ellas a nivel mundial.

Estas herramientas digitales han influido, especialmente en los siguientes casos:

> Utilización de las herramientas digitales para satisfacer necesidades personales y profesionales en actividades de ocio, deporte, salud, formación o mejora de situación laboral entre otros.

> Optimización de los procesos administrativos y financieros con herramientas digitales para hacer gestiones y trámites con las administraciones públicas.

> Implantación de nuevas formas de aprendizaje en entornos digitales como la creación de comunidades de aprendizaje, la utilización de espacios de autoaprendizaje, la utilización de recursos digitales de aprendizaje o la impartición de formación con nuevas modalidades.

Ejercicios de autoevaluación
Unidad de Aprendizaje 2

1. Indica cuál de las siguientes opciones no se corresponde con una herramienta digital utilizada para las relaciones personales y la comunicación.

   a. Redes sociales
   b. Mensajería instantánea
   c. Realidad aumentada
   d. Herramientas de autopromoción

2. ¿Cuál de las siguientes opciones no es una plataforma de búsqueda de empleo en línea?

   a. *LinkedIn*
   b. *Facebook*
   c. *Indeed*
   d. *Glassdoor*

3. La autopromoción se ha vuelto más accesible gracias a las herramientas digitales. Los profesionales pueden utilizar plataformas como _____ para mostrar sus portafolios creativos:

   a. *Behance*
   b. *Indeed*
   c. *Instagram*
   d. *Bitcoin*

4. Señala cuál de las siguientes no es una aplicación digital de planificación y organización:

   a. *Todoist*
   b. *Microsoft To Do*
   c. *Google Keep*
   d. *LinkedIn*

5. Indica cuál de las siguientes no es una de las ventajas de las tecnologías emergentes en la presentación de declaraciones tributarias:

    a. Agilidad
    b. Acceso remoto
    c. Seguridad
    d. Acceso parcial

6. Determina si la siguiente oración es verdadera o falsa:

"La seguridad de la información es una prioridad en las plataformas de declaraciones tributarias electrónicas. Estas utilizan medidas avanzadas de criptografía y protocolos de seguridad para proteger la privacidad y confidencialidad de los datos de los contribuyentes":

    ■ Verdadero
    ■ Falso

7. La primera criptomoneda en aparecer en el mercado fue:

    a. Bitcoin
    b. Ripple
    c. Litecoin
    d. Polkadot

8. La criptomoneda _____ es conocida por su enfoque en contratos inteligentes y aplicaciones descentralizadas *(dApps)*. Permite a los desarrolladores crear sus propias aplicaciones en su *blockchain:*

    a. Bitcoin
    b. Ethereum
    c. Litecoin
    d. Ripple

9. Determina si la siguiente oración es verdadera o falsa:

"Blockchain puede ofrecer un entorno seguro y transparente para sistemas de votación electrónica, mejorando la integridad del proceso electoral":

- Verdadero
- Falso

10. Un _____ es una presentación, conferencia, taller o seminario que se transmite a través de internet en tiempo real. Este formato permite la participación y la interacción entre el profesor y la audiencia, a menudo a través de herramientas de comunicación en línea como videoconferencias, chat y preguntas y respuestas:

    a. *webinar*
    b. blog
    c. vlog
    d. Todas las opciones son correctas.

Actualización digital y resolución de problemas técnicos complejos

Contenido

1. Introducción
2. Gestión de problemas técnicos
3. Optimización del rendimiento y las funcionalidades de los dispositivos digitales de forma autónoma
4. Selección de la formación adecuada en competencias digitales para cubrir los déficits
5. Resumen

Objetivos

El objetivo general de esta Unidad de Aprendizaje es:

→ Resolver problemas técnicos complejos, optimizar el rendimiento y la funcionalidad de *hardware, software,* aplicaciones, páginas web y redes de manera autónoma, aplicando soluciones actualizadas en competencias digitales.

Los objetivos específicos de esta Unidad de Aprendizaje son:

→ Conocer con más profundidad las aplicaciones digitales.

→ Solucionar problemas técnicos complejos.

→ Optimizar el rendimiento de *hardware, software* y aplicaciones de forma autónoma.

→ Obtener conocimientos avanzados sobre redes para lograr un rendimiento óptimo en su utilización.

→ Distinguir métodos de formación para la adquisición de competencias y conocimientos adicionales.

1. Introducción

Con el avance del fenómeno de la digitalización, lograr un cierto progreso y eficiencia en gran número de ámbitos implica un conocimiento profundo del mundo digital y de cómo solucionar problemas técnicos con una cierta complejidad.

De hecho, se ha producido un avance importante de las nuevas tecnologías gracias al intercambio multidireccional de información, bienes y servicios entre individuos y empresas, lo que ha desencadenado un cambio especialmente relevante en el modo en el que se perciben y se utilizan los distintos equipos de oficina y los procesos realizados, tanto por empresas como por clientes.

En este contexto, se vuelve esencial comprender a fondo el funcionamiento de la tecnología digital, así como explorar el amplio abanico de posibilidades que esta ofrece, ya que se ha convertido en un factor clave para la integración de las herramientas en nuestras rutinas, tanto a nivel personal como profesional.

En este análisis, nos centraremos en la empresa Advanced Technology, S. L., que quiere aprender a resolver problemas técnicos y optimizar el rendimiento y la funcionalidad de sus equipos.

2. Gestión de problemas técnicos

☞ HILO CONDUCTOR

En Advanced Technology, S. L. han adquirido varios equipos de oficina y han conseguido digitalizar sus procesos administrativos, contables y comerciales y ahora quieren ir más allá y profundizar en su utilización para potenciar la productividad y la eficiencia y lograr una apertura hacia nuevos mercados.

En el entorno digital actual se requiere que los usuarios sean capaces de gestionar de forma fluida el *hardware, software,* las aplicaciones y las redes para que las organizaciones y los sistemas funcionen correctamente.

Estas gestiones abarcan distintas áreas, desde las reparaciones de *hardware,* por ejemplo, hasta, en el caso de no poder repararse, instalación o sustitución de algunos de sus elementos como por ejemplo, la memoria del ordenador.

Eso sí, es importante tener en cuenta que la gestión de los posibles problemas técnicos que surgen es un proceso dinámico que requiere que los usuarios que vayan a llevarlas a cabo dispongan de habilidades y conocimientos técnicos sólidos, una comprensión profunda de los sistemas y un enfoque proactivo para prevenir cualquier futuro inconveniente.

Algunos de los aspectos más importantes para gestionar adecuadamente los problemas técnicos son los que se muestran a continuación:

- **Reparaciones de *hardware:*** la identificación y corrección de fallas en componentes físicos como ordenadores, impresoras o dispositivos periféricos son fundamentales. Esto implica diagnósticos precisos y la aplicación de soluciones que aborden eficazmente problemas en la placa base, tarjetas gráficas o en cualquier otro elemento *hardware*.
- **Reparaciones de *software:*** la solución de problemas relacionados con el *software* implica diagnosticar y corregir errores en programas y sistemas operativos. Desde actualizaciones y parches hasta la resolución de conflictos de *software,* esta área abarca una amplia gama de desafíos.
- **Reparaciones de aplicaciones:** la gestión de problemas técnicos incluye la resolución de inconvenientes específicos de las aplicaciones utilizadas. Esto puede involucrar la actualización de versiones, la solución de errores de código o la integración de nuevas características.
- **Reparaciones de redes:** la estabilidad y seguridad de las redes son críticas. La identificación y solución de problemas de conectividad, configuración de *routers* o la resolución de conflictos en la infraestructura de red son aspectos esenciales de la gestión técnica.
- **Reinstalación del disco duro y/o sistema operativo:** en situaciones extremas, la reinstalación del disco duro o del sistema operativo puede ser necesaria para restaurar la funcionalidad del sistema. Este proceso implica la copia de seguridad de datos críticos y la instalación limpia del sistema operativo.
- **Búsqueda de ficheros perdidos o dañados:** la pérdida de datos puede ser devastadora. La gestión de problemas técnicos incluye la recuperación de ficheros perdidos o dañados, utilizando herramientas especializadas y procedimientos de recuperación de datos.
- **Instalación o cambio de memoria:** la gestión eficiente de problemas técnicos también involucra el manejo de la memoria del sistema. Esto incluye la instalación de nuevos módulos de memoria o la actualización de los existentes para mejorar el rendimiento general del sistema.

2.1. Reparaciones del *hardware, software,* aplicaciones y redes

La gestión de problemas técnicos del *hardware* implica abordar diversas eventualidades que puedan afectar el funcionamiento de los dispositivos físicos, lo que puede incluir la corrección de problemas en computadoras, servidores, impresoras, dispositivos de almacenamiento y otros componentes esenciales. Las reparaciones de *hardware* se centran en diagnosticar y solucionar fallas, asegurando la continuidad operativa de los equipos.

Concretamente, las reparaciones de elementos de *hardware* pueden implicar la sustitución o reparación de componentes como placas base, tarjetas gráficas, discos duros, memoria RAM y otros dispositivos periféricos. Los profesionales que realicen las tareas de soporte técnico deberán poseer habilidades para identificar problemas a través de pruebas exhaustivas, utilizando herramientas diagnósticas y técnicas avanzadas.

Por otro lado, las reparaciones de *software* abarcan la resolución de problemas relacionados con programas y sistemas operativos. Esto puede incluir la identificación y corrección de errores de código, la aplicación de actualizaciones y parches y la solución de conflictos entre diferentes aplicaciones o entre el *software* y el *hardware,* todo con el objetivo de asegurar que el *software* funcione de manera eficiente y sin interrupciones.

En el ámbito de las aplicaciones, la gestión de problemas técnicos implica abordar tareas específicas relacionadas con el rendimiento, la integración y la funcionalidad de las aplicaciones utilizadas en un entorno particular. Esto puede requerir la personalización de configuraciones, la aplicación de actualizaciones o, incluso la colaboración con proveedores de *software* para resolver problemas más complejos.

 PARA SABER MÁS

En el mercado hay aplicaciones cuya herramienta principal es medir el rendimiento del *software* con la finalidad de optimizarlo.

Puedes encontrar un interesante artículo sobre las distintas herramientas de optimización de *software* accediendo desde aquí:

Continúa en página siguiente >>

<< Viene de página anterior

https://redirectoronline.com/fcoi230301

En lo que respecta a los problemas de redes, es posible que su reparación requiera un enfoque sistemático para poder identificar y solucionar los problemas.

A continuación, se muestra una guía general para abordar problemas comunes de redes:

1. **Diagnóstico del problema**

   ◑ Identifica los síntomas específicos del problema de red. ¿Hay pérdida de conexión, velocidades lentas o errores específicos?
   ◑ Asegúrate de que el problema esté en la red y no en un dispositivo específico.

2. **Reinicio de dispositivos de red**

   ◑ Reinicia el *router,* módem y cualquier dispositivo de red intermedio.
   ◑ Espera unos minutos antes de volver a encenderlos para permitir que se restablezcan correctamente.

3. **Verificación de conexiones físicas**

   ◑ Asegúrate de que todos los cables estén conectados correctamente. Revisa cables Ethernet, conexiones wifi y cables de alimentación.
   ◑ Considera reemplazar cables defectuosos.

4. **Configuración de IP y DHCP**

   ◑ Verifica que los dispositivos obtengan direcciones IP correctamente a través del DHCP.
   ◑ Asigna direcciones IP manualmente, si es necesario.

5. **Verificación de la configuración de red**

   ☉ Confirma que la configuración de red, incluyendo la puerta de enlace y la máscara de subred, sea correcta.
   ☉ Ajusta la configuración si es necesario.

6. **Pruebas de conectividad**

   ☉ Utiliza comandos como **ping** para probar la conectividad con otros dispositivos en la red y con recursos externos como servidores DNS.
   ☉ Examina los resultados para identificar problemas de pérdida de paquetes o tiempos de respuesta inusualmente altos.

7. **Configuración del cortafuegos**

   ☉ Verifica la configuración del cortafuegos en el *router* y en los dispositivos individuales.
   ☉ Ajusta las reglas del cortafuegos para permitir el tráfico necesario.

8. **Actualización de *firmware***

   ☉ Asegúrate de que el *firmware* del *router* esté actualizado. Visita el sitio web del fabricante para descargar las últimas versiones.
   ☉ Actualiza el *firmware* siguiendo las instrucciones del fabricante.

9. **Análisis de interferencias wifi**

   ☉ Si usas wifi, verifica si hay interferencias de otras redes wifi cercanas.
   ☉ Ajusta el canal wifi en el *router* para minimizar interferencias.

10. **Monitorización del tráfico de red**

    ☉ Utiliza herramientas de monitorización de red para identificar patrones de tráfico anormales o problemas de congestión.
    ☉ Examina la calidad de la señal y la intensidad en conexiones inalámbricas.

2.2. Reinstalación del disco duro y/o sistema operativo

La reinstalación del disco duro y/o del sistema operativo es una tarea crucial cuando se enfrentan problemas graves en un sistema, ya sea debido a fallas en el sistema operativo, corrupción de archivos esenciales o infecciones de *malware* persistentes.

La reinstalación del disco duro y/o sistema operativo podría ser una solución efectiva para estos problemas graves de *software,* pero eso sí, es imprescindible tener en cuenta que esta tarea debe realizarse con precaución para evitar la pérdida de datos importantes, por lo que, si no te sientes cómodo realizando este proceso, es recomendable buscar la ayuda de un profesional.

Los discos duros están disponibles en una variedad de capacidades, desde gigabytes (GB) hasta terabytes (TB) o incluso más.

 **IMPORTANTE**

Un disco duro, también conocido como disco duro o HDD (por sus siglas en inglés, *Hard Disk Drive),* es un dispositivo de almacenamiento de datos no volátil que se utiliza en computadoras y otros dispositivos electrónicos. Su función principal es almacenar y recuperar datos de manera persistente, lo que significa que estos se mantienen, incluso cuando el dispositivo se apaga.

A continuación, se describen los pasos y consideraciones clave para reinstalar un disco duro, con el sistema operativo:

1. **Copia de seguridad de datos:** antes de proceder con la reinstalación, realiza una copia de seguridad completa de tus datos importantes. Utiliza medios externos como discos duros externos, servicios de almacenamiento en la nube o dispositivos USB.
2. **Obtención de medios de instalación:** asegúrate de tener los medios de instalación adecuados. Esto puede incluir un disco de instalación del sistema operativo, un dispositivo USB de arranque o una imagen ISO descargada desde el sitio oficial del sistema operativo.

3. **Arranque desde el medio de instalación:** configura la BIOS o UEFI para arrancar desde el medio de instalación. Esto, generalmente, se hace accediendo al menú de arranque del sistema durante el reinicio y seleccionando la opción correspondiente.

4. **Inicio del proceso de instalación:** sigue las instrucciones del asistente de instalación del sistema operativo. Este proceso puede variar según el sistema operativo, pero generalmente implica seleccionar la partición de instalación, configurar opciones de usuario y aceptar los términos y condiciones.

5. **Formateo de la partición:** durante el proceso de instalación, puedes optar por formatear la partición del disco duro. Esto eliminará todos los datos existentes en esa partición, por lo que es esencial haber realizado la copia de seguridad previamente.

6. **Instalación de controladores y actualizaciones:** después de la instalación básica del sistema operativo, instala los controladores necesarios para los componentes específicos de tu *hardware*. Además, realiza todas las actualizaciones disponibles para garantizar un sistema operativo seguro y optimizado.

7. **Reinstalación de aplicaciones:** vuelve a instalar las aplicaciones y programas esenciales que necesitas. Utiliza las versiones más recientes y asegúrate de descargarlas desde fuentes confiables.

8. **Restauración de datos desde la copia de seguridad:** restaura tus datos desde la copia de seguridad realizada anteriormente. Verifica que todos los archivos importantes estén en su lugar y funcionando correctamente.

9. **Configuración personalizada:** configura preferencias y ajustes personalizados según tus necesidades. Esto puede incluir configuraciones de red, opciones de energía, fondos de pantalla y cualquier otra preferencia específica del usuario.

10. **Evaluación del rendimiento:** realiza pruebas para evaluar el rendimiento del sistema después de la reinstalación y verifica que todos los componentes estén funcionando correctamente y que el sistema operativo sea estable.

2.3. Búsqueda de ficheros perdidos o dañados

Los archivos pueden dañarse por diversas razones y la pérdida de datos puede ocurrir debido a una combinación de factores. Algunas de las razones más comunes por las que los archivos se dañan serían las siguientes:

➲ Errores de *hardware,* problemas en el disco duro.
➲ Errores de *software,* fallos en el sistema operativo o errores en aplicaciones.

- Infecciones de virus, *malware* o ataques de *software* malicioso.
- Interrupciones de energía mientras se escribe o se leen archivos.
- Desconexión incorrecta de dispositivos de almacenamiento.
- Problemas de red que pueden resultar en corrupción de archivos durante la transferencia.
- Utilización de versiones incompatibles de *software* que pueden causar conflictos y dañar archivos.
- Acciones humanas inadvertidas como la eliminación accidental de archivos importantes o sobrescribir datos en archivos.

La pérdida o daño de los archivos puede convertirse en una situación estresante, pero con las herramientas y enfoques adecuados, es posible recuperar o reparar gran parte de la información.

Para ello, es imprescindible tener en cuenta que la rapidez de acción es clave en la recuperación de archivos. Eso sí, hay que evitar escribir nuevos datos en el disco donde se encuentran los archivos perdidos para maximizar las posibilidades de una recuperación de datos exitosa.

A continuación, se explican distintas alternativas para buscar y recuperar archivos perdidos o dañados:

- **Identificación del problema:** valora si la pérdida de archivos se debe a una eliminación accidental, formateo del disco, corrupción del sistema o algún otro motivo. Esta información guiará el proceso de recuperación.
- **Utilización de la Papelera de Reciclaje:** verifica la Papelera de Reciclaje (en *Windows)* o la Papelera (en *macOS)* para comprobar si los archivos eliminados se encuentran allí. Si es así, puedes restaurarlos fácilmente.
- **Recuperación de versiones anteriores:** en sistemas como *Windows,* puedes intentar restaurar versiones anteriores de archivos o carpetas. Haz clic derecho sobre el archivo o carpeta, selecciona **Propiedades** y luego la pestaña **Versiones Anteriores.**
- *Software* **de recuperación de datos:** utiliza programas de recuperación de datos especializados. Hay varias herramientas de terceros como *Recuva, EaseUS Data Recovery Wizard* o *Disk Drill,* que pueden escanear el disco en busca de archivos eliminados y recuperarlos.
- **Recuperación desde copias de seguridad:** si realizaste previamente copias de seguridad, restaura los archivos desde la copia de seguridad más reciente. Este método es particularmente eficaz para recuperar información completa.
- **Comprobación de la integridad del disco duro:** verifica la integridad del disco utilizando herramientas como *CHKDSK* en *Windows* o *Disk Utility* en *macOS* para corregir posibles errores en la estructura del sistema de archivos.

APLICACIÓN PRÁCTICA

Ana es el gerente de una empresa de distribución y, por error, ha eliminado una serie de archivos que iba a utilizar en una importante reunión. ¿Qué *software* de los estudiados recomendarías a Ana para intentar recuperar la información?

Solución

Una herramienta de recuperación de datos es *Recuva*. No obstante, Ana también podría acudir también a *EaseUS, Data Recovery Wizard* o *Disk Drill* para tratar de recuperar la información que ha eliminado por error.

2.4. Instalación o cambio de memoria

La memoria de un sistema, ya sea RAM (memoria de acceso aleatorio) o memoria de almacenamiento (como discos duros o SSD), es esencial para el rendimiento y la capacidad de respuesta de un ordenador.

Es importante seguir las instrucciones específicas del fabricante y las mejores prácticas al realizar cambios en la memoria para garantizar una instalación exitosa y un rendimiento óptimo del sistema. La mejora de la memoria puede tener un impacto significativo en el rendimiento general del ordenador, especialmente en términos de multitarea y ejecución de aplicaciones exigentes.

IMPORTANTE

La memoria RAM, o Memoria de Acceso Aleatorio, es un componente volátil esencial en los ordenadores. Actúa como espacio temporal de almacenamiento para datos y programas activos, permitiendo un acceso rápido y eficiente. Su capacidad de lectura y escritura rápidas son cruciales para la multitarea, y la cantidad de RAM influye directamente en el rendimiento general del ordenador. Los módulos de RAM se insertan en la placa base y existen diferentes tipos, como DDR, DDR2, DDR3 y DDR4, que representan avances en velocidad y eficiencia energética.

Hay que tener en cuenta que la instalación/cambio de la memoria (RAM o de almacenamiento) es un proceso bastante complejo y varía según el tipo de memoria y de ordenador.

No obstante, en términos generales, para instalar o cambiar una memoria hay que tener en cuenta los siguientes pasos y consideraciones:

1. **Identificar la memoria necesaria:** antes de realizar cualquier cambio, identifica el tipo y la capacidad de memoria que es compatible con tu sistema. Consulta la documentación del fabricante de la placa base o del ordenador para obtener información precisa.

2. **Adquisición de una memoria compatible:** adquiere módulos de memoria que sean compatibles con tu sistema. Asegúrate de cumplir con las especificaciones de tipo (DDR3, DDR4, etc.), velocidad y capacidad admitidas por la placa base.

3. **Apagado y desconexión:** apaga el ordenador y desconéctala de la fuente de alimentación. Si estás instalando o cambiando la memoria RAM, espera unos minutos después de apagarla para permitir que se descarguen los condensadores.

4. **Localizar los bancos de memoria:** identifica los bancos de memoria en la placa base. Estos son ranuras físicas en las que se insertarán los módulos de memoria.

5. **Descargar la electricidad estática:** descarga la electricidad estática de tu cuerpo tocando una superficie metálica antes de manipular los componentes. Esto reduce el riesgo de daño por descarga electrostática.

6. **Extraer la memoria existente (si procede):** si estás cambiando la memoria existente, retira los módulos antiguos presionando los pestillos ubicados en los extremos de los bancos de memoria. Retira los módulos con cuidado.

7. **Instalar la nueva memoria:** coloca los nuevos módulos de memoria en los bancos correspondientes. Alinea la muesca en el módulo con la muesca en el banco y presiona hacia abajo hasta que los pestillos se cierren, asegurando una conexión firme.

8. **Reinicio y verificación:** vuelve a conectar el ordenador a la fuente de alimentación y enciéndela. Verifica que el ordenador reconozca la nueva memoria en la configuración del sistema o en el sistema operativo.

9. **Actualizar la configuración (si procede):** en el caso de la memoria de almacenamiento (disco duro o SSD), si estás cambiando el dispositivo de almacenamiento, deberás reinstalar el sistema operativo o transferir datos desde el antiguo dispositivo al nuevo.

10. **Actualizar el *firmware* (si procede):** algunas actualizaciones de *firmware* de la placa base pueden ser necesarias para admitir nueva memoria. Verifica en el sitio web del fabricante y realiza las actualizaciones según sea necesario.

3. Optimización del rendimiento y las funcionalidades de los dispositivos digitales de forma autónoma

☞ HILO CONDUCTOR

En Advanced Technology, S. L. se adquirieron los equipos de oficina necesarios y se lograron digitalizar sus procesos operativos más relevantes, logrando incrementar su productividad y su eficiencia. En este momento quieren formar a sus empleados para que sean capaces de aprovechar todas las funcionalidades de los dispositivos digitales de forma autónoma y conseguir optimizar el rendimiento de los mismos.

En la actualidad, la interconexión global y el intercambio de información constante han influido considerablemente en la forma en la que interactuamos con la tecnología, generando avances significativos en las posibilidades que ofrecen los dispositivos digitales y el modo en el que estos han logrado optimizar la productividad y el rendimiento en la realización de tareas, tanto personales como profesionales.

Por todo ello, es de vital importancia conocer con profundidad el funcionamiento de los dispositivos digitales para conseguir, de forma autónoma, solventar cualquier problema que pueda surgir en su utilización y aprovechar sus funcionalidades más avanzadas.

En los siguientes apartados se van a describir con más profundidad las alternativas más habituales a las que puede acudir cualquier usuario que quiera gestionar sus dispositivos autónomamente:

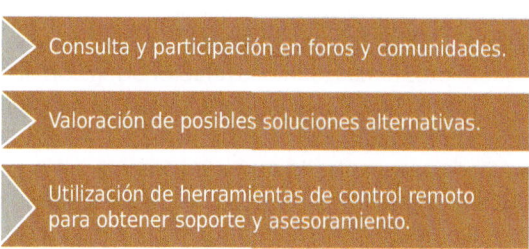

Consulta y participación en foros y comunidades.

Valoración de posibles soluciones alternativas.

Utilización de herramientas de control remoto para obtener soporte y asesoramiento.

3.1. Participación en comunidades y foros sobre problemas técnicos

Las comunidades y los foros son espacios virtuales que congregan a usuarios con experiencias diversas, creando un ambiente propicio para el intercambio de conocimientos y la resolución colaborativa de desafíos, en este caso, tecnológicos.

Al navegar por estas comunidades, los usuarios tienen acceso a una vasta base de datos de soluciones, consejos y enfoques innovadores para abordar problemas específicos. La diversidad de perspectivas y la retroalimentación directa de otros usuarios en situaciones similares ofrecen una riqueza de información valiosa.

Además, participar en estos entornos no solo implica recibir ayuda, sino también contribuir activamente. Compartir experiencias y soluciones exitosas no solo refuerza la comprensión personal de la tecnología, sino que también enriquece la comunidad en su conjunto. Esta interacción colaborativa no solo optimiza el rendimiento de dispositivos, sino que también fortalece la comunidad tecnológica, fomentando un espíritu de aprendizaje continuo y autosuficiencia en el manejo de problemas técnicos.

Existen diversas comunidades y foros en línea que se especializan en la resolución de problemas técnicos, proporcionando un espacio donde los usuarios pueden compartir conocimientos y obtener ayuda.

Algunos ejemplos notables son los siguientes:

- **Stack Overflow:** se trata de un sitio web líder en la resolución de problemas de programación y desarrollo de *software*. La comunidad de *Stack Overflow* está formada por desarrolladores y profesionales de la informática que comparten soluciones a desafíos técnicos específicos.
- **Foros de *Reddit:*** *Reddit* alberga una variedad de subforos dedicados a la asistencia técnica, donde los usuarios pueden plantear preguntas y recibir respuestas de la comunidad global.
- **Foros de *XDA Developers:*** está especializado en dispositivos móviles y desarrollo de *software* para *Android* y cuenta con una comunidad activa que discute problemas técnicos relacionados con la personalización de *firmware*, instalación de ROM personalizadas y solución de errores en dispositivos *Android*.
- **Tom's Hardware:** centrado en *hardware* y tecnología, Tom's Hardware ofrece foros donde los usuarios comparten experiencias y soluciones para problemas relacionados con componentes de ordenadores, periféricos y otros dispositivos.
- **Microsoft Community:** la comunidad oficial de Microsoft brinda soporte técnico para productos de Microsoft, incluyendo *Windows* y *Office*. Los

usuarios pueden plantear preguntas, obtener respuestas de expertos y compartir soluciones para problemas comunes.

➲ **Apple Support Communities:** para usuarios de productos *Apple,* las *Apple Support Communities* ofrecen un espacio donde los usuarios pueden hacer preguntas y recibir asistencia técnica de otros miembros de la comunidad o de expertos de *Apple.*

 ## ACTIVIDAD COMPLEMENTARIA

6. Investiga y aprende a navegar por una comunidad de resolución de problemas técnicos. Para ello accede a la web de la *comunidad Stack Overdflow* desde aquí:

https://redirectoronline.com/fcoi230302

Una vez dentro, investiga la página y haz un listado con los temas más mencionados en las preguntas de la comunidad.

3.2. Valoración de soluciones alternativas que sean más adecuadas y eficientes

La búsqueda de soluciones alternativas, que sean más adecuadas y eficientes, implica un enfoque proactivo y creativo por parte de los usuarios para poder abordar los desafíos técnicos.

A continuación, se destacan algunas estrategias y ejemplos que reflejan este enfoque.

Identificación de alternativas innovadoras

La valoración de distintas soluciones implica pensar más allá de las respuestas convencionales. Para ello, los usuarios pueden explorar herramientas, aplicaciones o métodos innovadores con la finalidad de ofrecer un enfoque más eficiente para resolver un problema técnico específico de forma óptima y rápida.

Adopción de *software* de código abierto

Considerar el uso de *software* de código abierto puede ser una alternativa eficaz a soluciones propietarias. No solo pueden ser soluciones más económicas, sino que también permiten a los usuarios adaptar y personalizar el *software* según sus necesidades específicas.

 EJEMPLO

Un ejemplo de *software* abierto ampliamente utilizado es *LibreOffice*. Esta herramienta es una *suite* de productividad de *software* de código abierto que ofrece un conjunto de aplicaciones de oficina para tareas como procesamiento de texto, hojas de cálculo, presentaciones, dibujo y gestión de bases de datos. Es una alternativa popular y ampliamente utilizada a otras *suites* de oficina, como *Microsoft Office* y *Apache OpenOffice*, llegándose a convertir en una elección popular para aquellos que buscan una alternativa de código abierto y gratuita a las *suites* de oficina comerciales.

Optimización de configuraciones

En lugar de buscar nuevas herramientas, la optimización de configuraciones existentes puede ser una alternativa valiosa. Ajustar configuraciones de *software*, preferencias de sistema o parámetros de *hardware* puede mejorar significativamente el rendimiento

Exploración de plataformas y ecosistemas

Algunos problemas técnicos pueden encontrar soluciones más efectivas al cambiar o explorar diferentes plataformas y ecosistemas tecnológicos. Por ejemplo, migrar de un sistema operativo a otro o probar alternativas de *hardware* puede marcar la diferencia.

Linux es un sistema operativo de código abierto. A diferencia de otros sistemas operativos como *Windows, Linux* se distribuye bajo una licencia de *software* libre, lo que significa que su código fuente está disponible para el público de forma gratuita.

Uso de herramientas de automatización

La automatización puede ofrecer soluciones eficientes para tareas repetitivas. Evaluar y adoptar herramientas de automatización puede ahorrar tiempo y mejorar la eficiencia en diversas áreas, desde la gestión de archivos hasta la administración del sistema.

Integración de soluciones en la nube

La migración a soluciones basadas en la nube puede proporcionar una alternativa eficiente para almacenamiento, procesamiento de datos y colaboración. Evaluar plataformas en la nube puede resultar en beneficios significativos en términos de accesibilidad y escalabilidad.

 EJEMPLO

En lugar de depender exclusivamente de *software* de edición de fotos tradicional, un usuario podría explorar soluciones basadas en inteligencia artificial para optimizar automáticamente imágenes, reduciendo así la carga de trabajo manual y mejorando la eficiencia en la edición de fotos.

La valoración de soluciones alternativas no solo implica buscar respuestas diferentes, sino también evaluar la viabilidad, la eficiencia y el impacto a largo plazo de estas alternativas. Este enfoque proactivo fomenta la innovación y la adaptabilidad en la resolución de problemas técnicos.

3.3. Soporte y asesoramiento en la resolución a través de herramientas de control remoto

La utilización de herramientas de control remoto para brindar soporte y asesoramiento en la resolución de problemas técnicos representa una estrategia altamente eficaz y colaborativa. Este enfoque no solo facilita una asistencia más personalizada, sino que también optimiza el tiempo y los recursos.

El soporte y asesoramiento a través de herramientas de control remoto no solo simplifica el proceso de resolución de problemas, sino que también fortalece la relación entre el usuario y el proveedor de asistencia técnica al ofrecer soluciones de manera directa y eficiente.

La utilización de herramientas de control remoto para obtener asesoramiento y soporte es una alternativa particularmente beneficiosa en los entornos empresariales y organizativos donde la eficiencia y la minimización del tiempo de inactividad son críticos.

Utilizar herramientas de control remoto para resolver problemas técnicos es una alternativa cada vez más utilizada, gracias a las numerosas ventajas que este método ofrece.

Algunas de estas ventajas que ofrecen las herramientas de control remoto se describen en el siguiente gráfico:

- **Precisión en el diagnóstico.** Las herramientas de control remoto permiten a los expertos acceder de manera virtual al dispositivo afectado, lo que posibilita un diagnóstico preciso al examinar directamente la configuración, los archivos y otros aspectos relevantes, acortando significativamente el tiempo necesario para identificar y entender el problema.
- **Intervención inmediata.** La capacidad de intervenir directamente desde una ubicación remota agiliza la resolución de problemas. Los expertos

pueden realizar ajustes en tiempo real, implementar soluciones y realizar pruebas sin depender de la comunicación indirecta.

- **Formación en tiempo real.** El soporte remoto no se limita solo a la resolución de problemas, sino que también proporciona una oportunidad para la formación en tiempo real. Los usuarios pueden aprender a abordar problemas similares en el futuro mediante la observación directa de las acciones tomadas por el experto.
- **Aumento de la eficiencia.** La asistencia remota elimina la necesidad de desplazamientos físicos, reduciendo el tiempo de inactividad y permitiendo una respuesta inmediata a los desafíos técnicos.
- **Seguridad y confidencialidad.** Aunque se accede de forma remota, las herramientas utilizadas para el control remoto generalmente garantizan altos niveles de seguridad y privacidad. La encriptación de extremo a extremo y las medidas de autenticación aseguran que la asistencia remota sea segura y confidencial.

Existen varias herramientas de control remoto que permiten a los expertos acceder y controlar dispositivos a distancia para brindar soporte y asesoramiento.

Las herramientas de control remoto más utilizadas podrían ser las siguientes:

- *TeamViewer:* herramienta de control remoto versátil que permite el acceso seguro a dispositivos a través de internet. Ofrece funciones como transferencia de archivos, chat integrado y capacidad para reuniones en línea, lo que lo convierte en una opción popular para soporte remoto.
- *AnyDesk:* destaca por su rendimiento rápido y su interfaz sencilla. Permite el control remoto de escritorios y dispositivos, incluso a baja velocidad de conexión. La transferencia de archivos y la calidad de imagen son notables en esta herramienta.
- *Remote Desktop Protocol* (RDP): se trata de una funcionalidad incorporada en sistemas operativos *Windows* que permite el control remoto de un escritorio. Los usuarios pueden conectarse a través de una conexión segura y acceder a recursos y aplicaciones como si estuvieran físicamente en la ubicación.
- *Chrome remote desktop:* extensión desarrollada por *Google* que permite el control remoto a través del navegador *Chrome.* Es una opción sencilla y gratuita para acceder a escritorios de manera remota y brindar asistencia técnica.
- *Splashtop:* proporciona un acceso remoto rápido y fluido a escritorios y dispositivos. Ofrece características adicionales como transmisión de audio y reproducción de vídeo en tiempo real, lo que la hace útil para situaciones donde se necesita una experiencia multimedia remota.
- *Windows Remote Assistance:* incluido en sistemas operativos *Windows,* permite a los usuarios solicitar y ofrecer ayuda en línea. Los

usuarios pueden compartir su escritorio y permitir que otros controlen su computadora de forma remota para resolver problemas.

4. Selección de la formación adecuada en competencias digitales para cubrir los déficits

☞ HILO CONDUCTOR

En Advanced Technology, S. L., ya han conseguido dominar el funcionamiento de sus dispositivos digitales y pueden aprovechar sus funcionalidades y solucionar los problemas técnicos que surgen de forma autónoma.

No obstante, a pesar de haber realizado una profunda tarea de autoaprendizaje, quieren extender los conocimientos al conjunto de los empleados a través de espacios de formación para evitar acudir a servicios técnicos externos y auto-gestionarse para ahorrar costes y ganar eficiencia.

La adquisición de competencias digitales resulta cada vez más esencial para mantenerse actualizado y competitivo. Por ello, una selección ade-cuada de formación resulta fundamental para desarrollar y renovar las habi-lidades digitales y poder cubrir los déficits de conocimiento.

En las próximas páginas se van a explorar dos enfoques formativos esencia-les: los espacios de formación y los espacios de autoformación.

La estrategia de formación más adoptada suele ser una combinación de los dos enfoques, para lograr un aprendizaje continuo y adaptable a las nece-sidades cambiantes.

4.1. Espacios de formación

Los espacios de formación son entornos estructurados que proporcionan programas educativos y cursos diseñados para impartir habilidades digita-les específicas. Estos espacios desempeñan un papel crucial en el desarro-llo profesional y la adquisición de competencias digitales.

Los espacios de formación destacan por las siguientes ventajas:

- **Estructura y seguimiento formal:** la formación en instituciones educativas y centros profesionales sigue un plan de estudios estructurado con seguimiento académico.
- **Acceso a docentes especializados:** los espacios de formación proporcionan acceso a docentes especializados que pueden ofrecer orientación y claridad en temas complejos.
- **Oportunidades de *networking*:** la interacción con compañeros y profesionales en espacios de formación ofrece oportunidades de *networking* valiosas para el desarrollo profesional.

Sin embargo, hay que tener en cuenta que los espacios de formación tienen también sus desventajas, de las cuales destacan las siguientes:

- **Elevado coste:** la formación formal, a menudo, puede resultar bastante costosa, especialmente si se acude a instituciones académicas reconocidas.
- **Compromiso de tiempo:** muchos programas de formación requieren un compromiso significativo de tiempo por parte del usuario, lo que puede resultar complicado para aquellos que ya tienen responsabilidades laborales o familiares.

Los espacios de formación más habituales son los siguientes:

- **Instituciones educativas y universidades:** las instituciones educativas ofrecen programas académicos formales que cubren una amplia gama de disciplinas digitales. Desde títulos universitarios en informática hasta programas de posgrado en ciencia de datos, estas instituciones proporcionan una base sólida y teórica para comprender conceptos avanzados y aplicaciones prácticas en el mundo digital.
- **Centros de formación profesional:** especializados en proporcionar habilidades prácticas y específicas para roles profesionales, los centros de formación profesional son lugares donde los individuos pueden adquirir competencias digitales específicas para sectores como desarrollo web, ciberseguridad o análisis de datos. Estos programas, a menudo se centran en la aplicabilidad inmediata en el lugar de trabajo.
- **Empresas de formación corporativa.** Muchas empresas invierten en programas de formación interna para desarrollar las habilidades digitales de sus empleados. Estos programas pueden estar diseñados para abordar necesidades específicas de la organización y adaptarse a los cambios tecnológicos en la industria.

La elección de un espacio de formación dependerá de los objetivos individuales, las preferencias de aprendizaje y la disponibilidad de recursos.

Aunque puede haber alguna desventaja asociada a esta metodología, hay que reconocer que los espacios de formación proporcionan una base sólida y estructurada para el desarrollo de habilidades digitales, preparando a los usuarios para enfrentarse los desafíos en un entorno laboral cada vez más tecnológico y digital.

4.2. Espacios de autoformación

Los espacios de autoformación representan un enfoque más flexible y autónomo para la adquisición de competencias digitales. Estos entornos permiten a los usuarios aprender a su propio ritmo a través de una amplia variedad de recursos en línea.

Los espacios de autoformación cuentan con numerosas ventajas, de las que caben destacar las siguientes:

- **Flexibilidad de tiempo y lugar:** la autoformación permite a los usuarios aprender en su propio tiempo y lugar, adaptándose a horarios ocupados y diferentes zonas geográficas.
- **Variedad de recursos:** hay una amplia variedad de recursos disponibles, desde vídeos interactivos hasta artículos detallados, que permiten a los usuarios elegir el formato que mejor se adapte a su estilo de aprendizaje.
- **Asequibilidad:** muchos recursos de autoformación son gratuitos o tienen unos costes accesibles en comparación con la formación formal.

Sin embargo, los principales desafíos están relacionados con la automotivación y el compromiso personal con la formación. Se destacan los siguientes:

- **Disciplina y autodirección:** la autoformación requiere un alto nivel de disciplina y autodirección. Los usuarios deben ponerse metas claras y mantenerse motivados, al no disponer de una estructura de un programa formal.
- **Falta de evaluación formal:** aunque algunos cursos en línea ofrecen certificaciones, la autoformación, a menudo, carece de evaluación formal, lo que puede ser un desafío al buscar reconocimiento externo de habilidades adquiridas.

Los espacios de autoformación más utilizados y prácticos se muestran en el gráfico siguiente:

- **Plataformas de educación en línea *(Coursera, Udacity, edX):*** estas plataformas ofrecen una amplia gama de cursos en línea, desde fundamentos hasta temas especializados en competencias digitales. Los usuarios pueden elegir cursos basados en sus intereses y necesidades, accediendo a materiales didácticos de alta calidad y a menudo recibiendo certificaciones al completar con éxito los cursos.

- **YouTube y tutoriales en línea:** *YouTube* se ha convertido en una fuente importante de tutoriales gratuitos sobre prácticamente cualquier tema relacionado con competencias digitales. Desde programación y desarrollo web, hasta diseño gráfico y análisis de datos, los usuarios pueden acceder a recursos visuales para aprender conceptos y técnicas.

- **Recursos interactivos:** muchos espacios de autoformación proporcionan recursos interactivos, como laboratorios prácticos, simulaciones y desafíos. Estos recursos permiten a los aprendices aplicar activamente los conocimientos adquiridos y mejorar sus habilidades prácticas.

- **Pódcast y audiolibros:** la educación a través de pódcast y audiolibros es una forma conveniente de aprender mientras se está en movimiento. Existen numerosos pódcast y audiolibros que abordan temas relacionados con competencias digitales, proporcionando información valiosa de manera auditiva.

- **Foros de discusión y comunidades virtuales:** participar en foros de discusión y comunidades virtuales relacionadas con competencias digitales ofrece la oportunidad de interactuar con otros aprendices, compartir experiencias y obtener respuestas a preguntas específicas. Plataformas como *Reddit* y *Stack Exchange* albergan comunidades activas en diversos temas tecnológicos.

PARA SABER MÁS

Coursera es una plataforma de formación *online* que ofrece cursos y programas académicos de distintas disciplinas. Lo crearon profesores de informática de la Universidad de Stanford con la finalidad de que los usuarios pudiesen aprender a su propio ritmo desde cualquier lugar del mundo.

Puedes encontrar más información de esta plataforma en su sitio web oficial accediendo desde aquí:

https://redirectoronline.com/fcoi230303

TAREA 6

Marcos es director comercial y quiere aprender nuevas habilidades y técnicas de dirección de *marketing* y no tiene claro cómo proceder y dónde acudir.

Ayuda a Marcos y asesórale en las distintas alternativas que tiene para formarse de forma adecuada.

---

5. Resumen

Las competencias digitales se logran plenamente cuando, además de estar familiarizado con los dispositivos y herramientas digitales, se es capaz de resolver problemas técnicos de carácter avanzado y de aprovechar todas las funcionalidades que estos ofrecen.

Para lograr estas competencias digitales plenas, se recomienda lo siguiente:

1 Aprender a gestionar y resolver problemas técnicos tanto de elementos de *hardware*, como de *sofware*, aplicaciones o redes.

2 Aprender a optimizar el rendimiento y las funcionalidades de los dispositivos digitales de forma autónoma. Para ello, se recomienda acudir a comunidades y foros sobre problemas técnicos y conocer el funcionamiento para gestionar los problemas técnicos a distancia mediante herramientas de control remoto.

3 Para obtener estos conocimientos y competencias más avanzadas, es muy recomendable acudir a sistemas de formación, tanto externa como formación autónoma o autoformación.

Ejercicios de autoevaluación
Unidad de Aprendizaje 3

1. Indica cuál de las siguientes opciones no se corresponde con un elemento de *hardware*.

   a. Placa base
   b. Sistema operativo
   c. Tarjeta gráfica
   d. Impresora

2. ¿Qué comando se puede utilizar para probar la conectividad de un dispositivo con otros dispositivos de la red?

   a. *Tang*
   b. *Ping*
   c. *System*
   d. *Recuva*

3. La reinstalación _____ podría ser una solución efectiva para los problemas graves de *software*.

   a. de la impresora
   b. de la memoria
   c. de los ficheros
   d. del sistema operativo

4. Las siglas del disco duro (en inglés son):

   a. HTTP
   b. Ping
   c. FTP
   d. HDD

5. Indica cuál de las siguientes no es una de las razones por las que los archivos pueden dañarse:

   a. Desconexión correcta de los dispositivos de almacenamiento.
   b. Errores en aplicaciones.

    c. Problemas de red.

    d. Problemas en el disco duro.

6. Determina si la siguiente oración es verdadera o falsa:

"Para intentar recuperar archivos perdidos no se recomienda verificar si estos se encuentran en la Papelera de Reciclaje".

- ■ Verdadero
- ■ Falso

7. ¿Cuál de las siguientes opciones no se corresponde con una herramienta de recuperación de datos?

    a. *Renova*

    b. *Recuva*

    c. *EaseUS*

    d. *Disk Drill*

8. La memoria _____ es un componente volátil esencial en los ordenadores. Actúa como espacio temporal de almacenamiento para datos y programas activos, permitiendo un acceso rápido y eficiente.

    a. SSD

    b. REM

    c. RAM

    d. Base

9. Determina si la siguiente oración es verdadera o falsa:

"Si se quiere instalar una nueva memoria en el ordenador, hay que tener en cuenta que algunas actualizaciones del *firmware* de la placa base pueden ser necesarias para admitir la nueva memoria".

- ■ Verdadero
- ■ Falso

10. Los _____ son espacios virtuales que congregan a usuarios con experiencias diversas, creando un ambiente propicio para el intercambio de conocimientos y la resolución colaborativa de desafíos, en este caso, tecnológicos.

    a. dispositivos
    b. foros
    c. sitios webs
    d. Todas las opciones son correctas.

Glosario

Asistente digital

Programa o dispositivo que responde a comandos de voz o texto para realizar tareas específicas, como buscar información, establecer recordatorios o realizar acciones en dispositivos conectados.

Big data

Análisis y procesamiento de conjuntos de datos masivos para obtener información significativa más allá de las capacidades de las herramientas de procesamiento tradicionales.

BIOS

Software básico que inicia el *hardware* de un ordenador cuando se enciende. Proporciona instrucciones esenciales para cargar el sistema operativo y realizar funciones de entrada/salida básicas.

Blockchain

Tecnología de registro descentralizado que asegura y transparenta transacciones mediante una cadena de bloques interconectados, utilizada en criptomonedas y contratos inteligentes.

Brecha de seguridad

Vulnerabilidad o punto débil en la seguridad de un sistema informático que podría ser explotada por amenazas externas o internas.

Código fuente

Conjunto de instrucciones legibles por humanos escritas por programadores para crear un *software* específico. Es la forma en que se presenta el programa antes de ser compilado y se utiliza para entender, modificar y mejorar el *software*.

Controlador

Software que actúa como interfaz entre un dispositivo *hardware* y el sistema operativo. Permite que el sistema operativo se comunique y controle correctamente el *hardware,* facilitando la interoperabilidad y el correcto funcionamiento de los dispositivos.

Cortafuegos
Sistema de seguridad que controla y filtra el tráfico de red, permitiendo o bloqueando la comunicación entre una red privada y la red pública (como internet). Su objetivo es prevenir accesos no autorizados y proteger la información sensible.

Criptomoneda
Moneda digital que utiliza criptografía para garantizar transacciones seguras y controlar la creación de nuevas unidades.

Dispositivo de almacenamiento
Componente de *hardware* que se utiliza para guardar y recuperar datos. Incluye dispositivos como discos duros, SSD (Unidades de Estado Sólido) y unidades de almacenamiento externas.

Emparejar
Conexión y sincronización de dos dispositivos, como un teléfono móvil y un auricular *bluetooth,* para permitir la transferencia de datos o la ejecución de funciones específicas.

Firmware
Tipo de *software* integrado en *hardware* que proporciona instrucciones básicas para el funcionamiento de un dispositivo. Suele ser específico del *hardware* y se encuentra en dispositivos como impresoras, cámaras y *routers.*

Hardware
Componentes físicos de un ordenador o dispositivo electrónico, incluyendo procesadores, memoria, unidades de almacenamiento, placas madre y otros dispositivos tangibles.

Interfaz de usuario
Punto de interacción entre el usuario y el *software.* Puede incluir elementos visuales y controles que facilitan la comunicación y la operación del sistema.

Licencia
Permiso legal para usar un *software* bajo ciertos términos y condiciones especificados por el titular de los derechos de autor.

MOOC
Curso educativo disponible en línea para un gran número de participantes, proporcionando acceso gratuito a materiales de aprendizaje y, a menudo, incluyendo interacción entre estudiantes.

NOOC
Curso en línea centrado en habilidades particulares, siguiendo el modelo de los MOOC,

Partición del disco duro
División lógica del espacio de almacenamiento de un disco duro en secciones separadas, conocidas como particiones.

Periférico de almacenamiento
Dispositivo que se utiliza para almacenar datos de forma persistente, como disco duro o memoria USB, que permiten la retención de información fuera de la memoria principal del ordenador.

Periférico de entrada
Dispositivo que introduce datos en el ordenador, como teclado o ratón, que facilitan la entrada de información y comandos al sistema.

Periférico de entrada/salida
Dispositivo que puede funcionar tanto para introducir datos en el ordenador como para presentar resultados, como una unidad de CD/DVD.

Periférico de salida
Dispositivo que muestra resultados o información desde el ordenador, como monitor o impresora.

Router
Dispositivo de red que dirige el tráfico de datos entre diferentes redes. Es esencial en la conexión a internet, permitiendo la comunicación entre dispositivos en una red local y la red externa.

Sistema operativo
Conjunto de *software* que gestiona los recursos de *hardware* y proporciona servicios esenciales para que otros programas puedan funcionar en un ordenador. Actúa como intermediario entre el usuario y el *hardware,* facilitando la interacción y la ejecución eficiente de aplicaciones.

Smartphone
Teléfono móvil avanzado que combina funciones de comunicación con capacidades de procesamiento, navegación web, aplicaciones y otras características inteligentes.

Smart TV
Televisor que integra capacidades de conexión a internet y funcionalidades inteligentes, como la ejecución de aplicaciones, navegación web y acceso a servicios de transmisión en línea.

Smartwatch

Reloj de pulsera que va más allá de mostrar la hora, incorporando funciones avanzadas como seguimiento de actividad física, notificaciones de teléfonos inteligentes y otras aplicaciones.

Software

Conjunto de programas, aplicaciones y datos que dirigen las operaciones de *hardware* y permiten que un ordenador o dispositivo realice tareas específicas.

Streaming

Transmisión de contenido multimedia, como vídeo o música, a través de internet, permitiendo a los usuarios acceder al contenido en tiempo real sin necesidad de descargarlo previamente.

Wearable

Dispositivos tecnológicos que se lleva puesto, como relojes inteligentes, pulseras de actividad y gafas inteligentes, diseñados para proporcionar funciones específicas y facilitar la interacción con la tecnología mientras se llevan puestos.

Bibliografía

Monografías

→ BELLIDO, E. y PÉREZ, R.: *Instalación y actualización de sistemas operativos.* Antequera: IC Editorial, 2022.

> Manual para profundizar en el conocimiento sobre cómo instalar y actualizar un sistema operativo.

→ DORDOIGNE, J. y BARDOT, Y.: *Redes informáticas: Nociones fundamentales, mantenimiento y reparación de PC* (6.ª Ed.). Madrid: Editorial Eni, 2020.

> Libro para aprender los pasos fundamentales parar reparar redes informáticas y ordenadores personales.

→ GÓMEZ, P. y GARCÍA, A.: *La cultura de los MOOCs.* Madrid: Editorial Síntesis, 2016.

> Interesante libro que profundiza en el concepto, funcionalidades y utilidad de los MOOC.

→ MONTOYA, C.: *Reparación y ampliación de equipos y componentes hardware microinformáticos.* UF0863 (2.ª Ed.). Antequera: IC Editorial, 2022.

> Libro para aprender a utilizar las aplicaciones de los sistemas operativos, para explotarlos atendiendo a unas especificaciones técnicas determinadas.

→ MURCIEGO, D.: *Redes locales. Todo lo que debes saber para montar una red local.* Madrid: Editorial Editatum, 2019.

> Manual útil para aprender a instalar y utilizar una red local.

→ VV. AA.: *Las herramientas digitales en la comunicación social.* Madrid: Editorial Fragua, 2019.

> Manual útil que muestra las principales herramientas digitales que se utilizan en la comunicación social y su utilización.

Textos electrónicos, bases de datos y programas informáticos

→ *Qué es Linux:* El sistema operativo de código abierto, de:
  <https://www.adslzone.net/reportajes/software/que-es-linux/>.

> Artículo que profundiza en el concepto de *Linux* y explica su historia y sus características principales.

→ Abierta UGR. La formación abierta de la UGR, de: <https://abierta.ugr.es/>.

> Plataforma educativa de la Universidad de Granada donde se pueden encontrar los MOOC creados por sus docentes que ofrece la entidad.

→ Incibe, Guías del Instituto Nacional de Ciberseguridad, de:
  <https://www.incibe.es/ciudadania/formacion/guias>.

> Web del Instituto Nacional de Ciberseguridad (Incibe) que ofrece, gratuitamente, una serie de guías para configurar los dispositivos digitales con la máxima protección para evitar cualquier fraude y amenaza de internet.